대학생을 위한

논리적 글쓰기

김은정 강수진 김은송 박성호 오은미
박효정 최혜경 김명희 김향남 정미옥 공저

양 성 원

머리말

우리는 흔히 정보의 바다에서 산다고 한다. 그러나 그 현실을 들여다보면 편향된 정보를 바탕으로 자신의 감정을 쏟아내는 표현이 넘쳐나고 있다. 그리하여 세대 간, 계층 간 갈등의 골만 깊어지고 있다. 넘치는 정보 가운데 우뚝 서서 자신의 의견을 제시하고 존재감을 드러내고 싶은 욕구를 표출하고자 한다. 그러나 자신의 생각이 아닌 감정을 대변할 만한 정보를 바탕으로 감정만을 표현하기 때문에 갈등이 사회의 불안 요소로까지 나아간다.

이러한 모습은 상대방이 제시한 의견의 논리적 오류를 발견하고 발전된 대안을 제시하는 논리적 담화를 구성하는 능력의 부족에서 온다고 본다. 그러므로 갈등을 해소하고 사회 발전을 이끌어 갈 때 대학생들에게 자신의 생각을 논리적으로 표현하여 상대방을 설득하는 능력 배양이 더욱 중요하다고 할 수 있다. 논리적 글쓰기 능력은 개인의 주장을 펼치는 차원을 넘어서 개인의 주장이 사회의 주요 담론이 되어 사회의 발전 방향을 제시하는 일이 될 것이기 때문에 고등 교육 기관인 대학에서 반드시 함양해야 할 과제가 되었다.

논리적 글쓰기 능력 함양을 위해 이 책은 간략한 이론 소개와 아울러서 예문을 통해 글쓰기의 실제를 제시하거나 비판적으로 생각하게 하고 자신의 글을 써 보는 연습 과정으로 구성하였다.

제1부에서는 글쓰기의 기초 능력을 신장시키는 것을 돕는 것을 목표로 하였다. 단단하지 않은 기초 위에 세워진 집은 무너지기 쉽듯이 적합한 어휘 선택과 바람직한 문장 쓰기와 논리적 문단 쓰기 등의 기초 능력이 제대로 함양되어 있지 않으면 아무리 좋은 생각이라도 다른 사람을 설득하기 힘들다. 또한 설계도 없이 집을 짓는다면 애초에 생각한 집의 기능을 소화하기 어렵게 지어지기 쉽기 때문에 설계도가 필요하듯 글쓰기 전에 글의 얼개를 짜는 것도 중요하다. 그래서 자신의 글쓰기 기초 능력을 점검하고 좋은 글을 쓰기 위한 기초 능력을 신장시키는 데 도움이 되고자 하였다.

제2부는 대학 생활을 하면서 좋은 학점을 받기 위해 필요한 글쓰기 말하기 능력을 함양하는 것을 목표로 하였다. 암기식 교육과 객관식 문제 풀이 중심의 성적 평가에 익숙한 대학 신입생들은 대학의 보고서 쓰기, 발표하기, 서술형 답안지 쓰기 및 협동과제 등을 수행하는 것에 어려움을 겪는다. 제2부는 이러한 어려움을 보다 빠르게 해소하기 위한 연습 과정이며 훌륭하게 수행하기 위한 안내이다.

제3부 실용글쓰기는 실제 생활에서 꼭 필요한 글쓰기를 중심으로 담았다. 이곳에서는 글쓰기의 내용적 · 형식적 틀을 제시하여 갈무리하기 어려운 생각들을 논리적으로 조직하여 표현하는 것을 돕는 것을 목표로 하였다. 창의적이고 독창적인 글을 써야 하는 것은 매우 중요하다. 그러나 어법을 지키지 않은 말은 의사전달에 어려움을 겪게 하듯이 제아무리 뛰어난 창의적 생각이라도 글의 구조나 양식에 어긋나면 상대방이 받아들이기 어렵다. 그리하여 실용글쓰기의 틀을 알고 글쓰기 연습을 하도록 구성하였다.

정서적 글쓰기에 익숙한 학생들에게 논리적 글쓰기는 무거운 과제이다. 그러나 대학 생활이나 직장 생활을 하면서 자신의 능력을 표현하고 제대로 평가받기 위해서 논리적 글쓰기 능력을 키우는 것은 매우 중요하다. 또한 사회 구성원들의 논리적 표현 능력은 그 사회의 갈등을 해소하고 발전하는 기름진 토양이 된다. 이러한 인식 위에 저자들은 학생들의 논리적 글쓰기 능력 향상을 위한 노력을 이 책에 담았다. 그러나 지면의 한계로 인하여 설명이나 연습문제 부분에서 미흡한 부분이 있을 수 있다. 이러한 점은 훌륭한 지도자들의 역량으로 보완하여 학생들의 논리적 글쓰기 역량이 한층 발전하기를 바란다.

2023년 3월

저자 일동

차례

PART 3 실용글쓰기

PART 1

글쓰기의 기초

Chapter 01

글쓰기의 시작

1. 글쓰기란?

글쓰기는 자신의 생각을 문자로 표현하는 행위이다. 어떤 현상이나 사건, 이론에 대해 흩어진 생각들은 글쓰기를 통해 명료하게 드러낸다. 즉 글쓰기는 자신의 생각을 정리하고 표현하는 수단이다. 이뿐만이 아니다. 글쓰기는 우리가 기본적으로 가져야 할 중요한 자질인 의사소통의 역할을 한다. 대학에서의 글쓰기도 마찬가지이다. 글쓰기를 통해 다양한 주제와 유형의 글을 수용하고 생산하는 활동을 통해 능동적이고 효과적인 소통 능력을 기르고 논리적이고 합리적인 의사소통 역량을 함양할 수 있다. 이러한 글쓰기를 어렵지 않게 수행하는 이들도 있으나, 대부분의 필자는 글쓰기와 마주하면 많은 고민에 사로잡힌다.

> 글을 쓰려고 할 때면 갈피를 못 잡고 고민하는 사람들이 많다. (중략) 글쓰기는 일종의 작업으로 여긴다.(중략) 어떤 사람은 문법과 절차, 문장의 규칙과 형식이 글쓰기를 위하여 배워야 할 전부라고 말하는가 하며, 어떤 사람은 글쓰기란 종이 위에 생각을 적는 것이라고 말한다. 어떤 사람은 글쓰기를 배운다는 것은 '창조적인 생각을 발휘하게 하는 것'이니 '자기 자신을 표현하게 하는 것'이라고 생각하기도 한다.

> 그러나 내 접근 방식은 이와는 다른 것으로, 내가 생각하는 글쓰기 학습은 포괄적이고 실용적인 것이다.(중략)
>
> 다른 일을 할 때도 마찬가지겠지만 글쓰기를 하고 싶다면 일정한 기술이 필요하다.(중략) 이렇게 운동선수나 음악가와 마찬가지로 글 쓰는 사람 역시 글을 쓰기 위해서는 일정한 기술이 필요하다는 말이다. 그렇다면 글을 쓰는 데에는 어떤 기술이 필요할까? 첫째, 글을 쓰려면 한 편의 글에 담길 내용을 찾아내는 법을 배울 필요가 있다.(중략) 둘째, 글을 쓰는 사람에게는 자신의 독자를 헤아리는 능력이 필요하다.(중략) 셋째, 글을 쓰려면 자신이 소통을 위해 다루고자 하는 장르나 형식에 관해 알 필요가 있다.(중략) 마지막으로 글을 쓰려면 내 마음속 생각을 독자의 마음속에 집어넣기 위해 언어를 사용하는 능력이 필요하다. 노련한 작가는 단어와 문장, 문단을 활용해서 자신의 마음에 담긴 재료를 다른 사람의 마음으로 옮기는 법을 안다.
>
> (이성흠, 박영민(2021), 대학생을 위한 글쓰기, 교육과학사)

그렇다면 좋은 글을 쓰기 위해서는 글쓰기 전에 무엇을 고려해야 하는가? (1) 글을 쓰는 목적은 무엇인가, (2) 독자는 누구인가, (3) 독자가 원하는 것은 무엇인가, (4) 독자에게 어떤 반응을 기대하는가, (5) 독자의 지식 수준은 어떠한가를 살펴보아야 한다. 그러나 무엇보다도 아래의 송숙희(2018)에서 알 수 있듯이 글쓰기 전에는 핵심을 콕 집어 메시지로 만들어 낼 쓸 거리를 준비하는 작업이 가장 중요하게 고려될 부분이다.

> 오랜 시간 글 쓰며 밥을 먹고, 십수 년 동안 글쓰기를 지도하며 제가 간파한 점이 있습니다. 글쓰기 때문에 겪는 곤란과 혼란의 원인은 대부분 '쓸 거리가 분명하지 않아서'라는 것입니다. 글을 써도 늘지 않는 이유는 단언컨대 쓸 거리가 없거나, 쓸 거리를 제대로 정리하지 못하거나, 쓸 거리가 분명하지 않아서입니다.
>
> 쓰는 사람과 자신이 무엇을 쓰는지도 모르면 이런저런 생각을 늘어놓아 봐야 결과를 횡설수설, 중언부언입니다. 독자에게 전달할 내용을 미리 정리하지 않았으니 써봤자 그 글이 읽힐 리 없습니다. 들은 내용, 읽은 내용, 기억나는 것들을 대충 얼기설기 짜깁기나 할 뿐입니다.
>
> 쓸 거리를 분명히 정했어도, 논리적으로 짜임새 있는 메시지를 구성하지 못하면 결과는 마찬가지입니다. 글쓰기에서는 핵심을 콕 집어 메시지로 만들어 낼 쓸 거리

를 준비하는 작업이 가장 중요합니다.

(송숙희(2018), 150년 하버드 글쓰기 비법, 유노북스)

글을 쓸 수 있는 공간이 다양화되고 넓어지면서 문자 언어로 소통하고 개인의 글쓰기 능력을 드러내야 하는 일이 더 많아지고 있다. 좋은 글의 공통점은 재미와 흥미를 갖춤과 동시에 오류나 비약이 없다. 설득력 있는 구조를 갖추고 있으며 창의적이고 논리적인 글이다. 이러한 좋을 글을 쓰기 위해서는 좋은 아이디어를 가지고 있어야 한다. 이를 도출하는 방법 중 하나로 브레인스토밍을 활용하는 방법이 있다.

2. 브레인스토밍(Brainstorming)

1) 리스트 만들기(Listing)

리스트를 만들 때 흥미로운 소재, 독특한 이야기, 통찰력 있는 내용을 많이 모으면 좋다. 글의 재미와 흥미 요소, 그리고 창의적인 글이 되는가에 중요한 역할을 한다.

2) 비슷한 것끼리 묶기(Grouping)

리스트 중 비슷한 것끼리 묶는 그루핑은 똑같은 리스트일지라도 다양한 방법으로 묶을 수 있다. 묶는 일은 글을 쓰는 사람의 생각이 반영되는 작업이다. 우리가 글을 묶을 때에는 의도가 있다. 글 쓰는 사람이 어떤 개념과 의도를 가졌는지가 그루핑 과정에서 드러난다. 리스트의 내용을 묶을 때, 논리 오류나 비약이 없는지 살펴보면 좋다.

3) 묶음에 제목 달기(Titling)

그룹으로 묶는 것에 제목을 다는 작업인 타이틀링은 생각의 덩어리에 작은 이름표를 붙이는 일이다. 제목을 붙이면 하나의 주제에 대한 생각이 몇 가지로 분류되고, 한 덩어리의 완성된 글이 만들어진다.

연습하기 **브레인스토밍(Brainstorming)**

리스트 만들기(Listing)	비슷한 것끼리 묶기(Grouping)	묶음에 제목 달기(Titling)

이외에도 하나의 발상을 확장해 아이디어를 얻는 방법 만다라트(Mandal-Art) 기

법과 마음속에 지도를 그리듯이 아이디어를 정리하는 방법인 마인드 맵(mind map)을 활용할 수 있다.

			기숙사	과제	방학			
			연애	대학생	발표			
			축제	캠퍼스	전공			

[그림 1-1] 만다라트(Mandal-Art) 기법

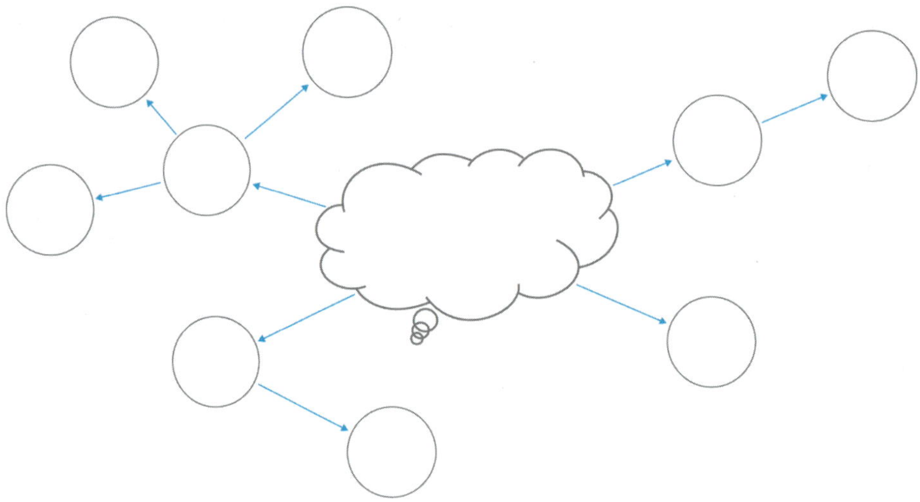

[그림 1-2] 마인드 맵(mind map)

3. 논리적인 글쓰기

최훈(2017)은 논리적인 글쓰기가 되려면 '논점을 정확히 파악하기', '논지 설정하기', '논증 만들기', '반론을 염두에 두기', '다시 읽기'의 과정을 거쳐야 한다고 말한다.

1) 논점을 정확히 파악하기

논리적인 글을 쓰려면 현재 이슈가 되고 있는 것이 무엇인지, 다시 말해서 지금 무엇이 문제 되고 있는지 정확히 이해해야 한다. 논점을 정확히 파악하지 못하고 글을 쓰면 핵심을 찌르지 못하는 글이 된다.

2) 논지 설정하기

논리적인 글쓰기는 논지에 대해 적절한 근거를 제시함으로써 논리적인 글이 된다. 논지를 설정할 때 주의할 점은 논지가 분명해야 한다는 점이다. 여러 의미로 해석될 수 있거나 의미를 모르는 낱말들로 논지를 표현해서는 안 된다.

3) 논증 만들기

논지를 설정했다면 그 논지를 지지하는 논거(근거)를 제시해야 한다. 이것이 논증을 만드는 과정이다. 연역 논증을 사용할 것인지, 귀납 논증을 사용한 것인지는 글의 상황에 맞춰 결정해야 한다. 논증을 만들 때 주의할 점은 누가 읽을 글인가, 논거들이 논증 평가의 기준(논거는 받아들일 만한가, 논지와 관련이 있는가, 논지를 충분히 지지하는가)을 만족하고 있는가, 논증은 참신한가를 고려해야 한다.

4) 반론을 염두에 두기

논증을 완성한 다음에는 자신의 논증에 대해 어떤 반론이 가능한지 생각해 보아야 한다. 비록 논거를 댔다고 하더라도 자신의 주장만 일방적으로 하는 것은 주관적이고 단순하며 창의적이지 못한 논증이 된다.

5) 다시 읽기

글을 완성한 다음에는 다시 읽어보고 부족하거나 잘못된 부분이 있다면 수정해야 한다. 이때 '명료하지 않은 표현은 있는가, 숨어 있는 전제나 결론이 있는가, 오류는 없는가'를 유의하면서 읽어야 한다.

읽기 자료 생각이 나를 바꾼다

면접에서 "서울에 택시는 몇 대나 있을까?"라는 질문을 받았다. 이 문제의 답은 정확한 숫자가 아니다. 택시 회사에 들어가지 않는 한, 서울 시내의 택시가 몇 대인지 알 필요가 없다. 따라서 '서울 시내에는 택시가 몇 대 있다.'고 말하는 것은 전혀 중요하지 않다. 왜 몇 대인가를 자신의 논리로 이야기하며 남을 설득시킬 수 있는 것이 이 문제의 핵심이다. 그러니깐 황당하게 "한 대밖에 없습니다."라고 말을 해도 왜 한 대뿐인지를 논리정연하게 설명한다면 높은 점수를 얻게 될 것이다.

(박종하(2003), 생각이 나를 바꾼다)

연습하기 다음 글은 어떤 문제점이 있는지 말해 보자.

언제부터가 카페 안의 플라스틱 빨대들이 종이 빨대로 바뀌어있는 것을 보거나 사용해 본 경험이 있을 것이다. 이렇게 몇 십 년간 잘 사용해오던 플라스틱 빨대가 종이 빨대로 바뀌게 된 이유는 바로 환경오염을 방지하기 위해서이다.

2018년 코스타리카 연안에서 코에 플라스틱 빨대가 꽂힌 거북이가 발견된 이후부터 종이 빨대가 각광받기 시작하였다. 국내에서는 그해 11월 스타벅스를 시작으로 전국 매장에 종이 빨대가 도입된 지 2년이 지났지만, 여전히 플라스틱 빨대보다 만족도가 낮고 겉으로만 친환경인 척 포장한 그린워싱이라는 의견이 나오면서 카페 내 종이 빨대 사용에 대해 정부와 갈등을 빚고 있다. 이에 대해 나는 환경보호 측면에서 고려해 봤을 때 종이 빨대 도입을 반대하는 입장이다.

그 이유를 살펴보기 위해 실제로 종이 빨대를 사용하고 있는 시민, 업체의 입장과 종이 빨대를 도입한 정부의 입장을 살펴보도록 하겠다. 시민 측은 여러 근거로 종이 빨대 사용에 부정적인 목소리를 내었는데 그중 가장 대표적인 2가지는 첫 번째로 플라스틱 빨대에 비해 쉽게 녹거나 잘 찢어지고 종이 재질이 음료에 스며들어 맛을 해친다는 것이었고, 두 번째로 종이 빨대 도입이 과연 환경을 보호하는 데 효과적인지 그 실효성이 의문스럽다는 의견들이 가장 많았다. 그 이유로 종이 자체는 친환경적이지만 결국 종이 빨대도 환경을 해치는 벌목을 전제로 하는 것과 종이 빨대의 사용 후 처리 과정에서 환경이 보호되지 않는다는 점을 꼽았다.

업체 측의 경우 카페 규모에 따라 각기 다른 문제를 지적하였는데 소규모 카페들은 종이 빨대의 단가가 비싸 부담된다는 것을 가장 큰 문제점으로 생각하였다. 실제로 플라스틱 빨대는 개당 8원이지만 종이 빨대는 개당 28원으로 거의 3배가량의 가격 차이가 나는 것을 확인할 수가 있었다. 또한 고객들의 수요가 많은 대형 브랜드의 경우 종이 빨대 수급이 어려워 곤란하다는 의견을 내었다. 그 외에 서울 용산구의 한 카페의 경우 생분해 가능한 플라스틱 빨대를 사용하고 있는데, 이것 또한 규제 대상인지 명확한 지침이 부족하다고 지적하였다.

이렇게 불편을 호소하는 시민들에 비해 정부는 그런데도 종이로 만든 빨대가 환경에 노출됐을 시 플라스틱 분해 기간은 200년 이상 소요되는 반면 종이의 분해 기간은 단 몇 개월로 짧아 환경보호 차원에서 효과적이므로 종이 빨대 도입이 필요하다는 입장을 취하고 있다. 하지만 정부 측의 의견은 빨대가 환경에 노출됐을 경우에만 해당이 되고 종이 빨대를 만들기 위해 소모되는 종이와 이후 처리 과정을 살펴봤을 때 환경을 보호한다고 보기 어렵다고 생각한다.

국회 노동위원회 소속 의원의 자료에 의하면 당시 환경부의 종이 빨대 환경 민감도를 평가한 지표에도 매립, 소각, 재활용에 대한 폐기 과정은 전혀 평가되지 않았다고 한다. 그렇다면 종이 빨대가 환경을 보호한다고 보장하기에는 확신하기 어렵다. 실제로 종이 빨대는 크기가 작고 음료에 쉽게 오염된다는 특징 때문에 재활용하기가 어려워 대부분은 일반 쓰레기로 배출되어 소각되는 과정에서 온실가스로 환경에 악영향을 미치게 된다. 생애 주기 평가표에 따르면 종이 빨대의 소각과정은 플라스틱 빨대보다 환경에 더 해롭다는 결과도 나온 바 있다. 또한 미국 환경보호국의 '폐기물 저감 모델'에 따르면 종이를 생산할 때 이산화탄소 배출량은 플라스틱 빨대 원료인 폴리프로필렌을 생산할 때보다 5배 이상 많다는 연구 결과가 있다. 그뿐만 아니라 종이 산업은 에너지 소모가 큰 산업으로 종이 1t을 만들기 위해 나무 24그루와 일산화탄소 2541kg, 폐기물 872g, 물 8만 6,530L가 발생하게 된다.

이처럼 종이 빨대가 쉽게 분해된다는 장점 하나만으로 사용하기에는 장기적으로 환경보호에 도움이 된다고 보기 어렵다. 따라서 여러 가지 의견들을 종합해 봤을 때, 환경보호를 위해 플라스틱 빨대를 사용하지 말아야 한다는 의견에는 동의하지만, 그 방안으로 종이 빨대를 도입하는 것은 총 3가지 이유로 반대한다.

첫째, 비용이 비싸다. 둘째 쉽게 찢어져 불편하다. 셋째 단점을 감수할 만큼 환경보호에 크게 이바지하지 않는다. 최근에는 유리 빨대, 스테인리스 빨대 등 여러 다회용 제품들이 생산되고 있다. 또한 빨대 없이 마실 수 있는 리그컵 등 종이 빨대를 대신할 수 있는 여러 제품이 계속해서 개발되고 있다. 이를 미루어 볼 때 플라스틱 빨대 등 일회용품 사용에 대한 시민들의 인식개선이 환경을 보호하는 데 가장 중요한 해결책이라고 생각한다. 정부는 단순히 일회용품 사용을 단순히 법으로만 규제하여 벌금을 무는 형태가 아니라 찾아가는 학교 교육, SNS 홍보 이벤트, TV 광고 등 다양한 방법을 활용하여 시민들의 인식을 개선해야 할 것이다. 그러나 예전부터 이런 홍보가 전혀 없었던 것은 아니다. 그럼에도 불구하고 여전히 일회용품이 소비되고 있는 이유는 대부분의 시선이 앞으로 지구를 살아갈 미래세대와 전 지구적 차원에서만 초점을 맞추고 있기 때문이라고 생각한다.

따라서 사람들이 환경오염의 심각성을 명확히 인지하고 직접적으로 공감할 수 있도록 일회용품 사용이 개인의 일상적인 생활에 어떤 영향을 불러오는지에 초점을 맞추어 홍보해야 한다고 생각한다. 또한 사람들도 환경을 보호하기 위해 어느 정도의 불편은 감수할 수 있는 배려심 있는 마음을 지니도록 스스로도 계속 노력해야 할 것이다.

(학생 글 수정)

4. 글쓰기의 가치, 미래역량 계발을 위한 글쓰기

이성흠 · 박영민(2021)에 따르면, 대학의 본질은 지적 생산 능력에 필요한 인재 양성을 목표로 하는 고등교육기관이다. 이와 같이 지적 생산에 필요한 인재 양성은 대학교육의 본질을 구성하는 하나의 요소이다. 지적 생산 능력을 기르기 위해서는 문제 해결, 의사소통, 비판적 사고능력 등을 기를 수 있는 교육이 필요하다. 이와 같은 관점에서 대학은 글쓰기 교육을 통하여 대학생에게 그와 관련된 능력을 배양하려는 노력에 많은 시간과 노력을 기울이고 있다. 대학에서 이루어지는 글쓰기 교육은 대부분 논증적 글쓰기, 여기에는 논리적 글쓰기라는 의미가 함축되어 있다.

한편 논리적으로 글을 잘 쓴다는 것이 얼마나 큰 가치를 발휘할 수 있는가에 대해서는 새삼 언급할 필요가 없다. 우리 인생을 바꿀 수 있는 강력한 힘을 가진 글쓰기에 대해 애버크롬비(Barbara Abercrombie)는 다음과 같이 말한다.

1) 글로 쓰기 전까지는 아무것도 아니다. 단지 머릿속으로만 생각하는 것은 아무런 소용이 없다. 일단 글로 적고 나면 그것이 진짜이다. 그곳에서 시작된다.

2) 글쓰기는 두 단계의 과정으로 구성된다. 집필과 수정이다. 두 가지를 동시에 할 수는 없다. 초고는 가능하면 빨리 끝내고 마음껏 비판하고 수정하라.

3) '쓰다'라는 단어는 동사다. 당신은 글을 쓰는 사람이다. 그리고 그것을 진지하게 생각한다면, 날마다 꾸준히 글을 쓰자.

이처럼 글쓰기는 하루아침에 이루어지는 과정이 아니다. 대학교육에서 글쓰기는 모든 학문의 기초가 되며, 미래사회가 요구하는 핵심 역량 가운데 하나이다. 미래사회에서 자신의 전문 분야에서 전문가로 활동하기 위해서는 자신의 전공 분야에서 연구하는 과정에서 논리적으로 사고하고 글로 표현하는 역량은 필수이다.

읽기 자료 **두려움을 떨쳐 버려라**

글을 쓰는 게 쉽지 않다. e-메일이나 보고서 등 무엇을 쓰려고 하면 막연한 두려움이 앞선다. 블로그나 페이스북 등 SNS 글쓰기도 마찬가지다. 며칠을 고민하다 시작해 보지만 몇 줄을 이어 가기 힘들다. 한두 줄 써 놓고 다음이 막혀 망설이다 또 하루가 간다. 몇 줄짜리 문자 메시지를 보내기도 쉽지 않다. 교육을 많이 받은 사람이나 아닌 사람이나 마찬가지다.

이는 개인 차원의 문제가 아니라 우리 교육이 잘못된 탓이다. 자신의 생각을 글로 표현하는 훈련이 제대로 돼 있지 않기 때문이다. 국어 시간에는 쓰기보다 남의 작품을 분석하는 데 많은 시간을 할애한다. 작문 시간에 가르치는 것도 실질적인 글쓰기 지도가 아니라 이론 위주여서 막상 글을 쓰는 데는 크게 도움이 되지 못한다.

글쓰기의 두려움에서 헤어나기 위해선 무엇보다 멋있는 단어나 표현을 동원해 거창하고 무게 있게 글을 써야 한다는 생각을 버려야 한다.(중략)

대단한 지식과 글재주가 없어도 이미 가지고 있는 상식과 자신의 삶에서 얻은 경험을 바탕으로 누구나 좋은 글을 쓸 수 있다. 처음 자전거를 탈 때는 넘어질까 두렵지만 몇 번 타다 보면 잘 타듯이 누구에게나 글을 잘 쓸 수 있는 능력이 있다. 글쓰기를 두려워할 이유가 없다.

일단 써 내려간 뒤 다듬어라

가장 쓰기 힘든 글이 무엇일까. 연애편지다. 본능적으로 처음부터 잘 쓰려고 매달리다 보니 몇 줄을 이어 가기 힘들다. 썼다가 지우기를 반복한다. 이런 식으로 글을 쓰면 3박 4일을 고민해도 한 장을 쓰기가 어렵다. 잘 쓰려고 하면 할수록 글은 더욱 써지지 않게 마련이다.

이처럼 대부분의 사람이 잘 써야 한다는 부담에 사로잡혀 글을 제대로 이어 가지 못한다. 시작도 하기 전에 스트레스로 몇 날을 지새우기 일쑤다. 무엇을 써야 한다는 생각 자체로도 스트레스를 받는다. 그러다 보니 글쓰기가 두렵게 느껴진다. 글을 쉽게 쓰는 방법은 없을까.

글을 손쉽게 쓰는 방법은 간단하다. 두려움을 떨쳐 버리고 일단 말하듯 줄줄 써 내려가면 된다. 말하는 것과 똑같이 대화체로 아무렇게나 써도 된다는 얘기는 아니고 말하는 것처럼 생각나는 대로 자연스럽게 적어 내려가면 된다는 뜻이다.

잘 쓰든 못 쓰든 신경 쓰지 말고 생각나는 대로 대충 적어 내려가야 한다. 넉넉하게 써 내려간 뒤 다듬는 과정을 거치는 것이 글을 가장 손쉽게 쓰는 방법이다. 누구든 처음부터 완벽하게 쓸 수는 없다. 문필가라 해서 한 번에 글을 완전하게 쓰는 것이 아니다. 잘 쓰는 사람도 일단 써 내려간 뒤 다듬은 과정을 반복한다.

당송(唐宋) 팔대가 가운데 한 사람이며 글쓰기의 기초인 다독(多讀), 다작(多作), 다상량(多商量)을 설파한 구양수(歐陽脩)라는 이가 있다. 그는 시를 쓴 뒤 벽에 붙여 좋고 방을 드나들 때마다 고쳤다고 한다. 얼마나 고쳤던지 어떤 시는 초고 중 단 한 글자도 남아 있지 않았다는 일화가 전해진다. 톨스토이는 〈부활〉이나 〈전쟁과 평화〉를 써 놓고는 수십 번을 고쳤다고 한다. 헤밍웨이는 〈노인과 바다〉를 쓰면서 무려 400번 이상을 고쳤다는 이야기가 전해진다. 훌륭한 작품을 만들어 내는 비법이 재능이 아니라 얼마나 열정을 가지고 다듬느냐에 달려 있다는 것을 보여 준다.

(배상복(2016), 문장 기술, MBC C&I)

연습하기 **좋은 글을 쓰기 위해서는 자신의 약점을 알아야 한다. 다음의 문항을 보면서 자신의 문제를 진단해 보자.**

<table>
<tr><th rowspan="2">항목</th><th rowspan="2">세부사항</th><th colspan="2">점검</th></tr>
<tr><th>예</th><th>아니오</th></tr>
<tr><td>1</td><td>글을 시작하기가 어렵다.</td><td></td><td></td></tr>
<tr><td>2</td><td>글을 쓰기 전에 사전 준비를 하지 않고 바로 시작한다.</td><td></td><td></td></tr>
<tr><td>3</td><td>무엇에 대해 글을 써야 할지 막막할 때가 많다.</td><td></td><td></td></tr>
<tr><td>4</td><td>몇 줄 쓰고 나면 할 말이 없어진다.</td><td></td><td></td></tr>
<tr><td>5</td><td>생각이 문장으로 표현이 되지 않는다.</td><td></td><td></td></tr>
<tr><td>6</td><td>도입을 쓰는 것이 어렵다.</td><td></td><td></td></tr>
<tr><td>7</td><td>구성을 짜기가 힘들다.</td><td></td><td></td></tr>
<tr><td>8</td><td>글을 너무 빠르게, 또 쉽게 쓴다.</td><td></td><td></td></tr>
<tr><td>9</td><td>한 편의 글을 쓰는 데 너무 많은 시간이 걸린다.</td><td></td><td></td></tr>
<tr><td>10</td><td>글을 쓰고 난 뒤에 보면 틀린 문장과 오자와 탈자가 너무 많다.</td><td></td><td></td></tr>
<tr><td>11</td><td colspan="3">최근에 어떤 글을 썼나요?</td></tr>
<tr><td>12</td><td colspan="3">가장 기억에 남는 글쓰기 경험에 대해 소개해 주세요.</td></tr>
<tr><td>13</td><td colspan="3">좋아하는 책이나 저자가 있다면 적어 보세요.</td></tr>
</table>

연습하기 **대학 글쓰기 수업을 통해 무엇을 얻고 싶은지, 어떤 태도로 글쓰기를 마주할 것인지에 대해 생각해 보세요.**

Chapter

02

좋은 어휘와 바람직한 문장 쓰기

1. 좋은 글의 바탕

누구나 좋은 글을 쓰고 싶어 한다. 좋은 글을 쓸 수 있는 가장 교과서적인 방법은 많이 읽고, 많이 쓰는 것이다. 이는 수많은 교재에서, 또는 글 쓰는 일을 업으로 삼는 많은 이들이 줄곧 해온 말이기도 하다. 그렇다면 '좋은 글'은 어떻게 쓸 수 있을까?

모든 글은 어휘들이 모여 문장을 이루고 문장이 모여 문단을 이루고, 이 문단들이 모여 한 편의 글이 완성되는 구조이다. 따라서 좋은 글을 쓰기 위해서는 기본적으로 좋은 어휘를 선별할 수 있어야 한다. 여기에는 각각의 어휘가 갖는 사전적 의미나 정의를 명확하게 알고 있어야 함은 물론 글의 주제를 드러내는 데 역할하는 어휘의 상징성까지도 고려해야 하는 중요한 과정이 따른다.

좋은 글 = 좋은 어휘 + 바른 문장 + 바른 단락

글쓰기는 이론의 습득만으로 수행이 가능한 영역이 될 수 없다. 멋진 피아노 연주 장면을 담고 있는 영상을 아무리 많이 본다고 해도, 실제로 피아노에 앉아서 하는 '실전연습'이 없이는 영상 속 연주자처럼 될 수 없는 것이 당연한 것처럼 글쓰기도 마찬가지이다. 이론도 물론 중요하지만 가장 중요한 것은 글쓰기의 기본부터 차근차근 연습하고 반복하여 집필해 보는 과정을 경험하는 것이다.

따라서 이 장에서는 좋은 글을 쓰기 위해 반드시 갖춰야 할 요건이 되는 좋은 어휘 쓰기와 바람직한 문장 쓰기에 대한 내용을 다루고자 한다.

2. 좋은 어휘(語彙) 쓰기

1) 어휘의 이해

어휘를 단어와 혼동하는 경우가 많지만, 어휘는 단어보다 훨씬 크고 포괄적인 개념이다. 단어는 어휘를 구성하는 하위 항목인 셈이다. 사전적 정의를 살펴보면 '어휘'란, '일정한 범위 안에서 쓰이는 단어의 수효 또는 단어의 전체'이며, '단어'는 '분리하여 자립적으로 쓸 수 있는 말이나 이에 준하는 말, 또는 그 말의 뒤에 붙어서 문법적 기능을 나타내는 말'로 설명하고 있다. 즉, 단어들의 관계를 고려한 체계로 일정한 범위 안에서 쓰이는 단어 전체를 '어휘'로 볼 수 있다. 어휘의 한자어가 말씀 어(語)와 무리 휘(彙)로 구성된 것에서도 어휘의 뜻과 정의를 유추할 수 있다.

2) 어휘 체계와 양상[1]

좋은 어휘를 쓰기 위해서는 어휘 체계에 대한 이해가 선행되어야 할 것이다. 우리가 흔히 쓰는 '어휘가 풍부하다.'라는 말은 '표현이 다채롭고 풍부하다'로 해석하는 것이 적합하다. 예를 들어 '책을 많이 읽으면 다양하고 풍부한 어휘를 구사할 수 있게 된다.'라는 말은 감정이나 색채를 표현할 때 단조로운 하나의 표현이 아닌 다채로운 표현을 사용할 수 있는 능력을 뜻하는 것이다.

(1) 우리말 어휘 체계

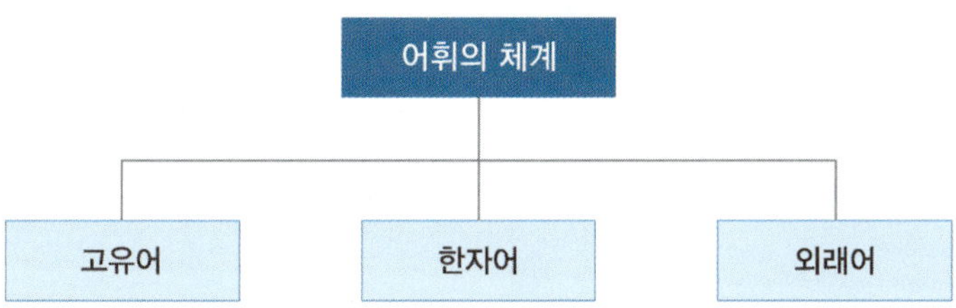

우리말 어휘의 체계는 크게 고유어, 한자어, 외래어로 구분할 수 있다.

고유어의 경우 본래부터 우리말에 존재했거나 그것을 바탕으로 만들어진 말로 민족의 정서나 감정, 감각을 드러내는 표현들이 다양하게 발달되어 있다.

한자어는 말 그대로 한자를 바탕으로 만들어진 말을 말하며 고유어에 비해 더욱 세밀하게 분화된 의미 구조를 지닌다. 추상적이거나 전문 분야의 개념을 나타내는 표현이 발달하였다.

외래어의 경우 외국에서 들어와 우리말처럼 쓰이는 말로, 타국의 문화가 들어오면서 함께 들어온 새로운 문물(사물) 및 현상을 나타내는 말이 많고 그 수는 점점 늘어나는 추세이다.

---

1) tistory, 달콤한 국어 〈우리말 어휘의 체계〉 발췌 및 참고.

특히 고유어의 경우 주목할 점은 감각어가 두드러지게 발달했다는 것인데 색채어와 미각어를 예시로 살펴보도록 하자.

〈색채어의 경우〉 : '노란색'을 나타내는 형용사	노랗다, 노란, 노랑, 누렇다, 노르스름하다, 누르스름하다, 샛노란, 샛노랗다, 누리끼리하다, 노릿하다, 누르스름하다 등
〈미각어의 경우〉 : 단맛(단 것)을 나타내는 형용사	달다, 달짝지근하다, 달콤하다, 들치근하다, 달착지근하다 등

(2) 우리말 어휘의 양상

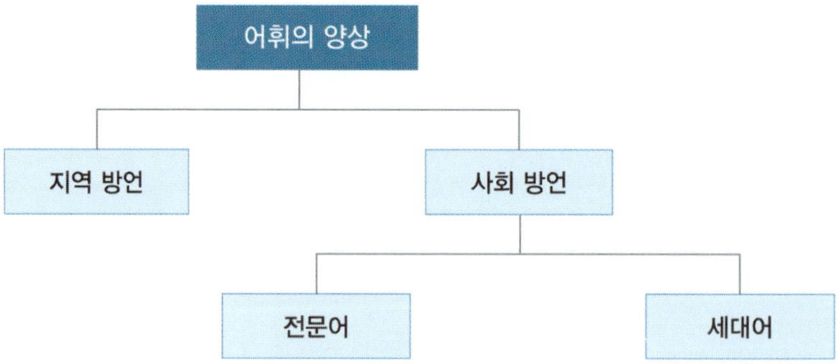

어휘의 양상을 살펴보면, 지역 방언과 사회 방언, 전문어 및 세대어로 나타난다.

	정의 및 특성
지역 방언	지역에 따라 다른 말 • 경상도 방언, 전라도 방언, 충청도 방언, 제주도 방언 등을 이름 • 같은 지역 사람끼리의 유대감 확보 • 문학 작품에서의 방언은 문학적 가치를 향유 • 국어 연구를 위한 자료로 기능 • 언어문화 유산, 즉 지역적 특색과 국어의 역사적 정보를 지님 자료 출처: 임지룡 외, 〈학교 문법과 문법 교육〉

	정의 및 특성
사회 방언	사회 집단 및 세대 등의 사회적 원인에 따라 달라진 말 • 계급, 연령, 성별, 종교, 인종 등의 다름으로 인해 발생하는 방언을 포괄함 • 청소년들이 SNS에서 사용하는 말, 줄임말 등이 예가 될 수 있음. 즉 집단의 특성이 반영됨
전문어	그 분야에 속한 사람들이 일을 효율적으로 수행할 수 있게 하는 말 • 전문 분야의 어휘는 다의성이 적다. • 감정적인 의미 문제가 개입되지 않는다. • 일반 사회의 기본어휘로 사용되는 경향이 적다. • 새로운 단어의 생성이 활발하다. • 외래어로부터 차용된 어휘가 많다. • 의학 용어, 법학 용어 등 자료 출처: 김혜숙 외, 〈모도리가 떠나는 국어학과 국어 교육 여행〉
세대어	• 사회 방언의 하위 항목 • 연령에 따른 어휘는 '아동어, 청소년어, 노인어' 등으로 나눌 수 있다. 연령에 따른 분류는 세대 간의 차별성을 보여주는 말로서, 각 세대에서 사용 빈도가 높은 어휘 분류 • 현실적으로 그 경계를 분명히 할 수 있는 것은 아니며, 더욱 세분하여 '유아어'나 '장년어' 등을 포함시킬 수도 있다. • '백부, 계씨' 등과 같이 옛말이나 한지어 등은 장년층이나 노인층 • '스타크래프트, 담탱이(담임 선생님)' 등과 같은 외래어나 은어는 청소년층 • '맘마' 등과 같은 말은 유아들이 많이 쓰이는 것으로 나누어 볼 수도 있으나, 국어학에서는 이 또한 기준이 명확하지 않은 것으로 보고 있다. 자료 출처: 임지룡 외, 〈학교 문법과 문법 교육〉

어휘를 구성하는 '단어'의 경우 글을 이루는 가장 작은 단위이자 자립하여 쓰일 수 있는 최소 단위로 국어에서의 단어는 품사의 단위와 일치한다. 그렇다면, 풍부한 어휘의 사용이 어떻게 실현될 수 있는지 아래의 예를 살펴보자.

아래 예문에서는 '모양을(이)'이라는 표현이 모든 문항에 사용되었다. 적절하지 않은 선별의 예가 되는 경우도 있고, 다른 표현으로 교체하는 것이 훨씬 자연스러운 문장도 있다. '모양을(이)'이라는 단어를 다양한 어휘로 교체해 보자.

연습하기

1. 조선 시대 문물의 수업과 전파 **모양을** 찾아보자.

→

2. 선조들의 산업 발달을 위한 어떤 **모양이** 있었는지 알아보자.

→

3. 대가족과 핵가족의 **모양을** 대략 살펴보자.

→

4. 강의실의 **모양을** 이야기해 보자.

→

5. 우리 동아리가 만들어진 취지대로 활동하는 **모양을** 실제로 증명해야 한다.

→

6. 그날 그 사람은 매우 새롭고 진취적인 **모양을** 보여주었다.

→

7. 코로나 펜데믹 이후 많은 국가들의 경기가 회복되는 **모양을** 보이고 있다.

→

8. 막상 취재가 시작되자 oo기업은 당황하는 **모양이** 역력했다.

→

9. 신라시대 당시 노래의 가사는 전해지지 않아 사실상 그 **모양을** 알 수는 없다.

→

10. 시나리오는 희곡에서 쓰이지 않은 다양한 용어가 사용되는 점에서 그 **모양이** 다르다.

→

3) 좋은 어휘의 기준

모든 글쓰기에 쓰이는 어휘는 어려운 한자어나 문맥에 어울리지 않는 낱말을 쓰지 않아야 하고 글의 전체적 흐름과 주제 및 관점에 부합할 수 있도록 해야 한다.

바른 문장을 쓰기 위해 무엇보다도 적절하고 좋은 어휘를 사용하는 것이 가장 중요하다. 즉, 좋은 어휘를 구사할 수 있는 능력이 좋은 글을 쓸 수 있게 하는 필수적인 요소가 된다. 우리가 흔히 말하는 '어휘력'은 단기간에 해결할 수 있는 문제는 아니지만 꾸준한 연습을 통해 많은 부분을 해소할 수 있다.

바른 어휘를 쓰기 위해 필요한 기준은 다음과 같다.

첫 번째, '사전적 의미'를 명확하게 알고 사용할 것
두 번째, 말하고자 하는 바가 분명히 드러날 수 있는 어휘를 선별할 것
세 번째, 저속한 표현을 피하고 가능하다면 한자어, 외국어 등의 사용을 지양할 것

다음 문장에 적합한 어휘가 사용되었는지 검토해 보자.

1. 희선이는 무슨 일이 있어도 내가 존경하는 할아버지의 가르침을 쫓아야겠다고 다짐했다.
2. 우리 사회가 세계화라는 미명아래 조기 교육을 한답시고 다섯 살짜리 어린아이에게 영어를 공부시키고 있다.
3. 노후된 배관은 심각한 피해를 야기할 수 있다.
4. 아직 아무도 도전하지 않은 분야에서 저만의 블루오션을 개척하고 싶습니다.

위의 1번 문장에서는 '좇다'와 '쫓다'를 혼동하고 있다.

사전적 정의	
'좇다'	① 목표, 이상, 행복 따위를 추구 ② 남의 말이나 뜻을 따름 ③ 규칙이나 관습 따위를 지켜서 그대로 함
'쫓다'	① 어떤 대상을 잡거나 만나기 위해 뒤를 따라 급히 가다 ② 어떤 자리에서 떠나도록 내몰다 ③ 밀려드는 졸음이나 잡념 따위를 물리치다

위와 같이 사전적 정의를 살펴보면, 해당 문장에서는 '쫓아야겠다고'가 아닌 '좇아야겠다고'가 적절하다.

2번 문장의 경우 '부정적인 어휘'를 사용하고 있다. '미명', '한답시고' 등의 표현은 서술자의 부정적인 시각이 전제되어 있다. 따라서 '우리 사회가 세계화를 내세우면서 다섯 살짜리 어린아이에게 영어 교육을 시키고 있다.'로 수정하는 것이 적절하다.

3번 문장의 경우 불필요한 한자어를 사용하고 있다. 따라서 '심각한 피해를 줄 수 있다.' 혹은 '심각한 피해를 발생시킬 수 있다.'로 수정하는 것이 좋다.

4번 문장의 경우 불필요한 외래어를 사용하고 있다. '남들이 시도하지 않았던 분야에 도전하고 싶습니다.'로 수정하는 것이 적절한 경우로 볼 수 있다.

간단한 문제 같지만 바르고 적절한 어휘를 선별하여 글을 쓰는 것은 글 전체의 이미지를 좌우하는 중요한 요소이자, 전달하고자 하는 메시지에 곡해가 생기지 않도록 하는 기본 장치이며, 글쓴이에 대한 신뢰도의 문제를 담당하는 예민한 부분과도 직결된다. 따라서 우리는 많은 글을 읽고, 써 보는 연습을 게을리하지 않아야 할 것이다. 그래야만 바르고 좋은 어휘를 쓴 좋은 문장, 더 나아가 좋은 글을 쓸 수 있게 된다.

3. 바람직한 문장 쓰기

한 편의 글을 완성하기 위해서는 문장과 단락이 필요하다. 단락을 이루는 문장은 정확하고 간단해야 한다. 우선 '정확한 문장'은 문법에 맞는지, 문장 성분은 제대로 갖추어져 있는지를 살펴야 한다.

간단한 문장은 길이가 길지 않고 명료한 문장을 말한다. 한 문장의 길이가 길어질수록 독자의 입장에서는 글의 내용에 집중하기 어렵다. 또한 집필자(글쓴이)의 입장에서도 장황하고 긴 문장으로 구성된 글은, 다시 읽고 수정하는 과정에서 많은 어려움을 겪게 된다.

1) 바람직한 문장 쓰기의 방해 요소

(1) 비문(非文)

문법에 맞지 않은 문장, 다시 말해 '비문법적인 문장'을 국어학에서는 '비문(非文)'이라 한다. 일반적으로 비문은 뜻을 이해하기 어렵고, 뜻을 알 수 있다고 하더라도 문맥이 자연스럽지 못하다. 비문의 유형은 주어가 없는 유형, 주어와 서술어의 호응이 맞지 않는 유형, 논리적으로 연결되지 않은 문장, 두 가지 이상의 의미로 해석될 수 있는 문장 유형, 불필요한 피동형 문장을 사용한 유형 등 여러 가지가 있다.

다음 문장을 보자.

① 저의 취미는 유튜브로 레시피를 찾아서 맛있는 요리하는 것이다.
② 저의 장점은 새로운 환경에서도 어려움 없이 적응하는 카멜레온 같은 성격입니다.
③ 사람들이 많은 도시를 다녀보면 흥미로운 구경거리가 많을 것이다.
④ 이번 공모전에서는 우리의 합동작품이 선정되어졌다.
⑤ 한겨울에 우리는 국토종단을 떠났으니 당연한 일이었다.

①번 문장의 경우, 주어와 서술어의 호응이 맞지 않는 문제가 있다. 따라서 '저의 취미는 유튜브로 레시피를 찾아서 요리하는 것이다.'로 수정해야 한다.

②번 문장의 경우도 마찬가지로 주어와 서술어의 호응이 맞지 않다. '저의 장점은 새로운 환경에서도 어려움 없이 적응하는 카멜리온 같은 성격을 가졌다는 점입니다.'로 수정해야 한다.

③번 문장의 경우, 두 가지 이상의 의미로 해석할 수 있는 문제가 있다. 즉, '사람들이' '많은 도시를 다녀보면 흥미로운 구경거리가 많다.'의 뜻과, '서울처럼 사람들이 많은 대도시는 흥미로운 구경거리가 많다.'의 해석이 가능하다. 따라서 이와 같은 문장은 지양하거나 혹은 하나의 의미만 담을 수 있도록 수정해야 한다.

④번 문장의 경우, 불필요한 피동형 표현을 사용했다. '이번 공모전에서 우리의 합동작품이 선정되었다.'가 자연스러운 문장이다.

⑤번 문장의 경우, 조사가 오용된 경우로 '우리는'을 '우리가'로 수정해야 한다.

위의 예시에서 살펴본 것처럼 우리가 문장 쓰기를 할 때 잘못 쓰고 있는 비문의 유형은 생각보다 다양하고 빈번하게 찾아볼 수 있다. 다음 표에서 정리한 어휘들은 문장 내에서 잘못 쓰는 경우가 많은 예시들이니 주의하도록 하자.

<table>
<tr><td>혼동하기 쉬운 말</td><td>가름: 둘로 가름 / 갈음: 새 것으로 교체(갈음)함.
노름: 도박의 성격을 지닌 노름판 / 놀음: 놀이
다리다: 다림질 / 달이다: 약을 달이다
저리다: 다리가 저린다. / 절이다: 배추를 절이다.
시키다: 일을 시키다 / 식히다: 물을 식히다.</td></tr>
<tr><td>잘못된 표기</td><td>김치찌게 → 김치찌개
웬지 → 왠지
뇌졸중 → 뇌졸중
짜집기 → 짜깁기
어의없다 → 어이없다.</td></tr>
</table>

(2) 복잡하고 긴 문장

그동안 자신이 직접 작성한 글이나 과제 등을 찾아서 집중하여 읽어 보자. 자신이 작성한 글을 살펴보면, 스스로가 문장의 길이를 길게 쓰는지 짧게 쓰는지 쉽게 확인할 수 있다. 특히, 호흡이 길고 장황한 문장을 흔히 발견할 수 있을 것이다. 두 개의 예문을 살펴보자.

예문 1

두통은 우리나라는 물론 세계적으로 가장 흔한 질병 중의 하나이며 오래전부터 많은 연구가 진행되고 있으나 현재까지도 명확한 원인은 알려져 있지 않지만 많은 요인 중에서도 스트레스와의 관계가 보다 정확하다는 것이 지적되어 있는 추세이다.

위의 예문을 읽어보면 어떤 느낌이 드는가?

예문 1은 많은 내용을 한 문장에서 언급하려다 보니 '–으나' 혹은 '–지만' 등의 표현이 연달아 쓰이면서 문장의 흐름이 자연스럽지 못하다. 따라서 문장의 길이를 두 문장으로 나누고, 부자연스러운 어휘를 수정해야 한다.

수정 예시	두통은 세계적으로 가장 흔한 질병 중의 하나이다. 오래전부터 다양한 연구가 진행되고 있지만 현재까지도 명확한 원인을 찾지 못했다. 다만 많은 요인 중에서도 스트레스의 영향이 가장 밀접한 것으로 지적되고 있다.

예문 2

현장에서 일했던 많은 경험은 자동화설비에 대한 친숙함을 불러왔으며, 작은 부품들이 모여 이루어진 요란한 소리를 내며 작동하는 거대한 쇳덩이는 호기심을 자극하기 충분하였고 무엇보다 공정 인프라의 일원으로서 소속감과 품질에 대한 책임감을 느끼며 두 발로 뛸 때, 기술을 배우고 활용하여 성과를 낼 때, 무엇보다 보람과 가치를 느꼈습니다.

예문 2의 문제점은 무엇인가?

4행으로 작성된 위의 예문을 잘 살펴보면, '한 문장'이라는 사실을 발견할 수 있다. 즉 한 문장이 네 개의 행으로 작성되어 매우 장황하고 긴 문장인 셈이다. 따라서 전달력이 떨어지고, 중복되는 어휘들(−며, −때, 무엇보다 등)로 인해 글의 자연스러운 흐름에 방해가 된다. 그러므로 모든 문장은 짧고 간단하게, 명료하게 작성해야 하는 것이다. 한 문장을 '2-3문장'으로 나누어 주는 것만으로도 문장의 전달력이 개선되는 것을 확인할 수 있다.

수정 예시	현장에서 일했던 많은 경험은 자동화 설비를 익숙하게 다루는 데 도움이 되었습니다. 작은 부품들이 모여 우렁찬 소리를 내며 작동하는 순간은 늘 제 가슴을 벅차오르게 만들었습니다. 무엇보다도 공정의 책임감 있는 일원으로서 자부심을 가지고 열심히 뛰었습니다. 하나하나 기술을 배워 나가며 성과를 내고, 발전하는 저를 발견할 때 큰 보람과 삶의 가치를 느낄 수 있었습니다.

(3) 구어(口語)와 문어(文語)의 혼용

우리의 말과 글은 모두 한국어를 기반으로 하고 있지만 같은 의미라고 할지라도 쓰기와 말하기 영역에서 동일하게 기록되거나 쓰이지 않는다.

밥
1. 친구에게 말할 때: "야! 우리 밥 먹을래?"
2. 할머니와 대화할 때: "할머니, 식사하세요."
3. 글로 표현할 때: 친구에게 함께 밥을 먹을 것인지 물었다.

즉, 말은 격식에 따라, 또 그렇지 않은 상황에 따라 혹은 청자나 대화 상대와의 관계 등을 고려하며 표현해야 한다. 그러나 글의 경우는 말과는 차이가 있다. 우리가 쓰는 글의 독자는 대부분 불특정 다수인 경우가 많으므로 이 글의 독자가 어떤 상황과 장소에 있는지 혹은 어떤 분야에 종사하고 있는 사람인지, 나를 기준으로 단순하게 나이가 많은 사람인지, 직책이 높은 사람인지 등을 특정하기 어렵다. 따라서 글을 쓸 때는 '중립적인 표현'을 써야 한다.

우리가 글에서 주로 쓰게 되는 말투를 '문어체(文語體)'라고 한다. 문어체에서는 주어나 목적어 등의 생략이 없도록 하고 기본적인 문법 및 맞춤법과 띄어쓰기를 지켜 적는 것이 중요하다. '구어체(口語體)'의 경우 일상적인 대화에서 쓰는 말투를 의미하기 때문에, 우리는 일상생활에서 쓰는 말투를 글에서 그대로 사용하지 않도록 유의해야 한다.

구어체와 문어체는 다음과 같은 차이를 보인다.

첫 번째로 '공간성'이다. 문어체는 보통 표준어로 표기되고 구어체는 지역성을 갖는다. 사투리의 경우가 예가 될 수 있다.

두 번째로 구어체는 시간의 흐름에 따라 끝없이 변형하는 특징을 갖는데 반해 문어체는 상대적으로 지속성을 갖는다고 볼 수 있다.

세 번째로 구어체는 일상에서 사용하는 어투나 문체이기 때문에 친근하고 익숙한 느낌을 주지만 문어체는 주로 공식적인 자리에서 사용되므로 표현이나 어휘의 난이도가 높고 객관성이 강한 것이 특징이다.

다음 예시를 문어체에 어울리는 문장으로 수정해 보자.

연습하기

1	민지랑 같이 갈거야.
	[수정 예시] 민지와 함께 갈 것이다.
2	그게 뭔 뜻인지 몰겠어.
	[수정]
3	안녕하세용 반갑습니당
	[수정]
4	동생이랑 같이 갈거야
	[수정
5	이거 내 거야
	[수정]

2) 좋은 문장쓰기의 비결

앞에서 바람직한 문장을 쓰기 위해 알아야 할 비문의 유형과 긴 문장의 문제 등을 살펴보았다. 우선, 살펴본 바와 같이 '바람직한 문장'은 문법적인 오류가 없어야 한다. 문장을 간단하고 명료하게 쓰는 것도 중요하다. 또 너무 흔한 말 같지만 '좋은 글'을 많이 읽는 것만으로도 바르고 좋은 문장을 자연스럽게 체득하게 되는 가장 좋은 방법이 될 수 있다. 좋은 문장을 쓰기 위한 비결을 정리하면 다음과 같다.

(가) 문장쓰기에서는 비문을 쓰지 않는 것이 중요하다.

(예) 주어가 없거나 호응이 맞지 않은 문장을 쓰고 있지는 않은지 체크하는 습관

(나) 의미 해석이 모호한 문장은 피한다. 또한 문장 의미가 겹치는 경우도 유의해야 한다.

> (예) 예방접종을 맞자.→예방접종을 하자.
> 좋은 호평을 받다.→호평을 받다.
> 박수를 쳐 주십시오.→박수를 주십시오.

(다) 불가피한 경우가 아니라면 피동문을 쓰지 않는다.

(라) 문장 내 불필요한 외래어, 한자어, 속어 등을 쓰지 않는다.

(마) 전문어 등 일반적인 독자가 이해하기 어려운 용어를 불가피하게 사용할 경우 해당 용어에 대한 설명을 덧붙인다.

> (예) 문장 내 '프리뷰 작업'이라는 용어가 있는 경우: (각주 등을 활용하여) '프리뷰: 주로 영상의 내용을 대본으로 옮기는 작업을 말함.'을 작성

마지막으로 아래의 다섯 개의 질문을 바탕으로 자신의 문장을 늘 체크하는 습관을 들인다면 바르고 좋은 문장을 쓸 수 있게 될 것이다.

> 1. 문장의 길이가 길지 않은가? (한 문장이 2행 이내인가?)
> 2. 문장 별로 주어가 있는가?
> 3. 주어와 서술어의 호응이 자연스러운가?
> 4. 한 문장 내에 두 개 이상의 내용을 쓴 경우 생략하거나 의미 전달이 모호하지 않은가?
> 5. 불필요한 외래어나 전문어, 한자어 등을 사용하지 않았는가?

〈연습하기 정답〉

		정답
연습하기 30쪽	1	경로, 유형
	2	노력, 모습
	3	유형, 차이, 모습
	4	배치, 구조, 분위기, 광경
	5	방식, 방법
	6	자세
	7	기미, 기색, 징조
	8	기색, 표정
	9	내용, 구조, 표기
	10	형식, 특성, 유형
연습하기 38쪽	1	민지와 함께 갈 것이다.
	2	그게 무슨 뜻인지 알 수 없다.
	3	안녕하세요, 반갑습니다.
	4	동생이랑 함께 갈 것이다.
	5	이 물건은 제 것입니다.

Chapter 03

논리적·효과적 문단 쓰기

1. 좋은 글이란 무엇인가?

"좋은 글이란 어떤 글인가?" 우리가 글을 쓰는 이유를 생각하면 이 질문에 대한 답을 쉽게 찾을 수 있을 것이다. 우리는 자신의 생각이나 느낌을 표현하기 위해 글을 쓴다. 따라서 좋은 글이란 자신이 표현하고자 하는 생각이나 느낌이 잘 드러나는 글이다. 즉, 주제가 잘 드러나는 글이 좋은 글이다. 제3장에서 좋은 글을 쓰기 위한 방법의 하나로 논리적, 효과적인 문단 쓰기에 대해서 알아볼 것이다.

2. 문단의 개념, 특성, 종류

1) 문단의 개념

글을 쓰는 사람은 주제를 효과적으로 표현하기 위해서 독자를 고려하고, 단어,

문장, 문단 등의 의미 단위를 사용한다. 여기서 문장이란 생각이나 감정을 말과 글로 표현할 때 완결된 내용을 나타내는 최소의 단위이다. 문단은 단락이라고도 하는데, 긴 글을 내용에 따라 나눌 때, 하나하나의 짧은 이야기 토막을 가리킨다.

2) 문단의 특성

문단의 특성은 형식적, 내용적 측면에서 살펴볼 수 있다. 문단은 들여쓰기와 문단 나누기가 되어 있다는 형식적 특성이 있다. 아래 예시문 (가)의 '생태계 위기'에서 들여쓰기가 되어 있고, '생태 중심주의 등이 있다.'에서 문단 나누기가 되어 있어 하나의 문단이라는 것을 나타내는데, 이것이 형식 문단이다.

(가) 생태계 위기와 관련된 문제는 환경과 생태계를 인간이 어떤 철학적 관점으로 바라보는가와 연관되어 있다. '환경'은 인간을 둘러싼 삶의 조건을 가리키며 '생태계'는 '전체'를 고려하고 모든 생명체를 살아 있는 체계로 간주하는데, 이러한 용어의 차이에도 자연을 바라보는 세계관의 차이가 반영되어 있다. 이와 같이 자연을 바라보는 인간의 철학적 관점은 인간 중심주의, 생명 중심주의, 생태 중심주의 등이 있다.

(나) 먼저 인간 중심주의는 인간을 자유 의지를 지닌 인식의 주체로 보며, 인간 이외의 존재들을 인식의 대상으로 본다. 모든 생명체는 인간에게 인식될 때 의미가 있고, 인간이 관심을 갖는 한에서 가치를 지닌다는 것이다. 인간 중심주의에 따르면, 인간만이 윤리적으로 가치 있는 존재가 되며, 따라서 다른 생명체나 자연을 인간이 도구로 이용하는 것은 윤리적으로 정당하다. 물론 인간 중심주의자들도 생태계 보전을 이야기한다. 그러나 그 이유는 생태계가 잘 유지되어야 인류가 좀더 오래 살아남고 행복해지기 때문이다. 이렇게 볼 때 인간 중심주의에서 다른 생명체는 '인간을 위한 도구'이고, 생태계는 '인간을 위한 환경'이라고 할 수 있다.

(다) 생명 중심주의는 생명체가 생존과 번식의 욕구를 지닌다는 점에서 생명체를 도구적 가치가 아닌 내재적 가치를 지닌 존재로 파악한다. 모든 생명체는 살려는 의지를 가진 존재이기 때문에 그런 의지 자체를 꺾는 것은 '악'이다. 따라서 인간을 포함한 모든 생명체는 각각 윤리적

의의를 지니며, 인간이 다른 생명체를 도구나 수단으로 이용하는 일은 정당화될 수 없다. 생명 중심주의 입장에서 보면 모든 생명체는 보호되어야 할 대상이다.

(라) 그러나 인간을 포함한 모든 생명체는 살려고 하는 의지를 가진 존재로 둘러싸여 있다. 따라서 어떤 존재도 생명체인 한, 먹이사슬의 그물에서 벗어날 수 없다. 그런데 먹이사슬을 인정한다면, 모든 생명체가 동등한 생명 가치를 지닌다는 생각을 포기해야 한다. 그리고 생존과 번식 욕구를 가진 것만이 내재적 가치를 지니고, 그런 존재들만이 윤리적 대상이 된다면, 개별 생명체로 구성된 생명종이나 생명종들이 모여 구성하는 커다란 생태계 자체는 윤리적 관심의 대상에서 제외돼야 한다.

(마) 생태 중심주의는 이러한 생명 중심주의의 한계를 극복하기 위해 출발하였다. 이 관점은 생태계를 하나의 유기체로 파악하고, 모든 생명체가 시공간적으로 서로 연관되어 있으며, 생태계는 관계성, 순환성, 다양성 등의 특징을 지니는 것으로 본다. 생명 중심주의가 개체를 중시한다면, 생태 중심주의는 전체를 강조하며 도가(道家) 철학이 자연의 순리에 따른 삶을 중시하듯, 생태주의자들은 생태학 원리에 따른 삶과 제도를 가장 이상적이라고 생각한다.

(바) 최근에는 환경 오염이나 생태계 보전을 위한 철학적 관점으로 생태 중심주의가 많은 지지를 얻고 있다. 따라서 생태 중심주의가 지닐 수 있는 문제를 극복하면서 전체 생태계 보존을 이루는 것은 현재 인간이 해결해야 할 시급한 과제라고 할 수 있다.

2005년 5월 인천경기 학업성취도 평가 지문 재구성

문단의 정의에서 알 수 있듯 문단은 하나의 중심 내용을 나타낸다. 위의 예시문의 각 문단은 자연을 바라보는 인간의 철학적 관점, 인간 중심주의의 특징, 생명 중심주의의 특징, 생명 중심주의의 한계, 생태 중심주의의 특징, 최근 지지를 얻는 생태 중심주의 등이 중심 내용이다. 이렇게 하나의 문단은 하나의 중심 내용을 담고 있어야 한다는 특성이 있다.

3) 문단의 종류

(1) 기능에 따른 문단의 종류

문단은 그것이 나타내는 기능에 따라 이끎 문단(도입 문단), 일반 문단, 마무리 문단으로 나눌 수 있다. 예시문의 첫 번째 문단은 자연을 바라보는 인간의 철학적 관점을 소개하면서 글 전체를 이끌어 가는 이끎 문단이다.

① 효과적인 이끎 문단

이끎 문단은 주로 문제 제기, 주제 또는 주제와 관련된 사건(사례) 제시, 주제를 구분하여 제시, 주제와 관련된 내용 인용 등으로 시작한다.

(가) 저소득 계층을 위한 지원 방안으로는 대상자에게 현금을 직접 지급하는 소득보조, 생활 필수품의 가격을 할인해 주는 가격보조 등이 있다.

(나) 1912년 12월 3일, 런던은 겨울이었지만 날씨는 포근했고 바람도 상쾌했다. 그러다 북쪽에서 불어오던 바람이 방향을 바꾸더니 기온이 내려가고 공기 중의 습도가 증가하기 시작했다. 그때 낮은 구름이 음산하게 깔렸다. 그것은 바로 수많은 공장과 가정의 석탄 난로에서 나온 스모그였다.

위의 예시문 (가)는 저소득 계층을 위한 지원 방안 두 가지를 소개한다. 그러므로 다음에 이어질 내용과 연결된다. 예시문 (나)는 구체적 사례로 이끎 문단을 작성한 경우이다.

② 효과적인 마무리 문단

마무리 문단은 주로 본문을 요약하거나 주제의 전망을 제시하거나 여운을 남기는 방법 등으로 작성한다.

현재 우리나라의 나노 기술 연구는 초기 단계이지만, 세계에서 가장 얇은 금속선 제조에 성공하는 등 세계적 수준의 연구 업적들이 나오고 있다. 더욱이 우리는 세계 최고 수준의 반도체 공정 기술을 보유하고 있으므로, 이 기술과 경험을 활용하고 창의적 연구 인력을 확대해 나가는 국가적 차원의 전략이 마련된다면, 선진국과 대등한 기술 경쟁을 하며 새로운 발견과 발명의 진원지 역할을 할 수 있을 것이다.

위의 예시문은 우리나라 나노 기술의 전망을 제시하면서 마무리하고 있다. 이때도 세계적 수준의 연구 업적, 세계 최고 수준의 반도체 공정 기술 등을 근거로 제시하면서 전망의 타당성을 높인다.

(2) 내용(의미)에 따른 문단의 종류

(가) '역사적 사실'이라는 개념은 두 가지 의미로 쓰인다. 하나는 과거에 일어난 개체적 사건 그 자체를 말하기도 하고, 다른 하나는 역사가에 의해 주관적으로 파악된 과거의 사실만을 말하기도 한다. 역사가의 역사 연구 태도는 '역사적 사실'에 대한 두 가지의 개념 중 무엇을 강조하느냐에 따라 달라지는데, 독일의 역사가 랑케와 드로이젠, 미국의 신사학파를 통해서 그것을 알아보자.

(나) 랑케는 역사적 사실을 '신(神)의 손가락'에 의해 만들어진 자연계의 사물과 동일시했다. 그는 각 시대나 과거의 개체적 사실들은 시간의 흐름을 초월해 존재한다고 믿었으며, 그 자체로 완결된 고유의 가치를 지녔다고 보았다. 그러므로 역사가가 그것을 마음대로 해석하는 것은 신성한 역사를 오염시키는 것이라 여기고, 과거의 역사적 사실을 있는 그대로 기술하는 것이 역사가의 몫이라고 주장했다. 랑케에 따르면 역사가의 임무는 사료에 대한 철저한 고증과 확인을 통해 역사를 인식하는 것이며, 목적을 앞세워 역사를 왜곡하지 말아야 한다고 보았다.

(다) 이에 반해 드로이젠은 역사적 사실이란 어디까지나 역사가의 주관적 인식에 의해 재구성된 사실이라는 점을 강조했다. 랑케와 달리 드로이젠은 객관적 사실을 파악하기 위한 사료 고증만으로는 과거에 대한 부분적이고 불확실한 설명을 찾아낼 수 있을 뿐이라고 했다. 그래서 역사가의 임무는 과거 사건들을 이해하고 해석하여 하나의 지식 형태로 구성하는 것이라고 보았다.

> (라) 이처럼 드로이젠은 역사가의 주관성을 강조했지만 역사가가 임의로 과거의 사실을 이해하고 해석할 수 있다고 본 것은 아니다. 그는 역사가가 과거의 사실들 가운데 일부를 역사적 사실로 인식하는 과정에서, 역사가의 주관이 개입하기 이전에 결정적으로 작용하는 '범주로서의 역사'가 있어, 역사가의 역사 인식을 선험적으로 규정한다고 하였다. 이때, 역사 인식의 범주를 형성하는 것은 '인륜적 세계'이다. 인간은 태초부터 주어진 자연의 세계보다는 인간의 의지와 행위로 만들어진 인륜적 세계에 살고 있다. 따라서 역사는 이와 같은 인륜적 세계 속에서 일어나며 또한 그것과의 연관 속에서만 파악될 수 있다는 것이다. 즉 드로이젠은 역사 인식과 해석의 주관성을 인정하면서도, 선험적으로 주어진 인륜적 세계가 그것을 결정한다고 보았다.
>
> 〈하략〉
>
> 2014년 4월 3학년 학력평가 지문 변형

위의 예시문 세 번째 문단과 네 번째 문단은 모두 드로이젠의 역사 인식이 중심 내용이지만 두 개의 문단으로 나누어져 있다. 즉 형식적으로는 두 개의 문단이지만 의미적으로는 하나의 문단이 된다. 이를 그림으로 나타내면 다음과 같다.

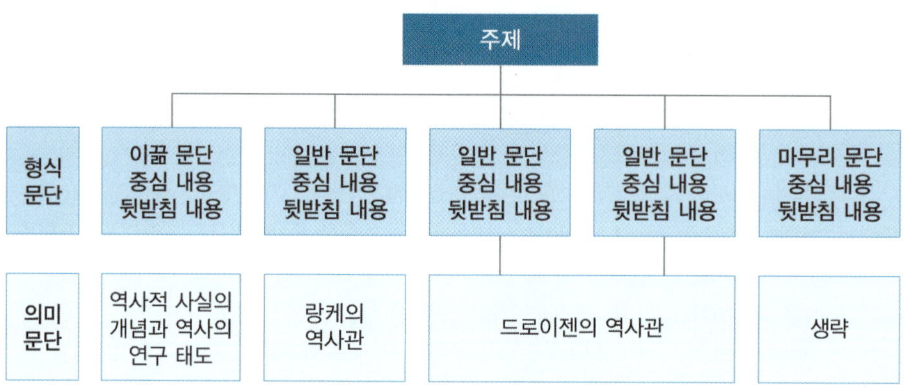

(3) 중심 내용의 위치에 따른 문단의 종류

문단은 중심 내용이 문단의 첫머리에 있는 두괄식 구조와 끝에 있는 미괄식 구조, 앞부분과 끝부분에 반복하여 나타나는 양괄식 구조로 나눌 수 있다.

(가) 자기조직화란 불안정한 비평형 상태에서 미시적인 요동을 겪은 후 거시적인 안정적 구조가 생겨나는 현상을 말한다. 프랑스의 물리학자 베나르의 실험은 자기조직화의 대표적인 사례이다. 그는 커다란 냄비에 액체를 붓고 천천히 가열했는데, 처음에는 바닥에서 위로 향하는 일정한 열의 흐름이 이루어지다가 바닥과 꼭대기의 온도 차이가 일정한 수준 이상으로 차이가 나자 열의 흐름은 갑자기 열의 대류 운동으로 바뀌었다. 이때 열은 매우 많은 분자의 일관된 운동으로 전달되는데, 바로 이 순간에 위에서 보면 이전에는 없던 6각형의 세포 모양을 띤 새로운 분자 질서가 생겼다.

(나) 프랑스의 물리학자 베나르의 실험은 자기조직화의 대표적인 사례이다. 그는 냄비에 액체를 붓고 천천히 가열했는데, 처음에는 바닥에서 위로 향하는 일정한 열의 흐름이 이루어지다가 바닥과 꼭대기의 온도 차이가 일정한 수준 이상으로 차이가 나자 열의 흐름은 갑자기 열의 대류 운동으로 바뀌었다. 이때 열은 매우 많은 분자의 일관된 운동으로 전달되는데, 바로 이 순간에 위에서 보면 이전에는 없던 6각형의 세포 모양을 띤 새로운 분자 질서가 생겼다. 이처럼 불안정한 비평형 상태에서 미시적인 요동을 겪은 후 거시적인 안정적 구조가 생겨나는 현상을 자기조직화라고 한다.

위의 첫 번째 예시문은 두괄식 구조이다. 즉 문단의 첫 부분에 '자기조직화'를 정의하고 그 구체적 사례를 들어 독자의 이해를 돕고 있다. 두괄식 구조는 중심 내용을 문단의 첫머리에 두므로 뒷받침 내용을 전개할 때 핵심에서 벗어나지 않는다는 장점이 있고, 읽는 사람도 읽기가 편하다. 이에 비해 두 번째 예시문은 첫 번째 예시문을 미괄식 구조로 바꾼 것이다.

3. 논리적, 효과적 문단 쓰기

논리적, 효과적 문단을 쓰기 위해서는 통일성, 응집성 등을 갖추어야 한다. 이 둘은 서로 다른 개념이 아니라 동전의 양면과 같은 개념이다. 이 외에도 다양한 경로와 방법을 활용하여 풍부하게 자료를 수집하고 주제의 속성을 고려한 내용 조직 방법과 내용 전개 방법을 활용하여야 한다.

• 통일성

문단의 중심 내용은 하나의 생각을 나타내어야 한다. 즉, 하나의 문단은 단일한 내용일수록 이해하기가 쉽다. 각 문단의 중심 내용은 글 전체의 중심 내용과 관련성을 맺어야 한다. 이를 통일성이라고 한다.

• 응집성

응집성은 지시어나 연결어 등에 의해 서로 긴밀하게 연결되는 성질이다. 지시어란 문맥 내에서 주로 어떤 말을 가리킬 때 쓰이는 말이고, 연결어란 문장과 문장 또는 문단과 문단을 연결하여 의미적으로 하나의 덩어리를 만들어 주는 지시 표현, 부사어 등을 말한다.

1) 통일성, 응집성이 높은 문단

통일성, 응집성이 높은 문단은 표현하고자 하는 내용을 처음부터 끝까지 일관되게 이끌어 나가, 글의 주제를 명확히 드러난다. 그만큼 읽는 사람이 내용을 쉽게 이해할 수 있다.

2) 통일성, 응집성이 낮은 문단

통일성이 낮은 문단은 중심 내용과 뒷받침 내용이 관련성이 떨어지거나 글 전체의 주제와 관련 없는 내용이 들어 있다. 응집성이 떨어지는 글이나 문단은 문단 구분이 적절하지 않으며, 반복적인 내용이 많고, 문단 또는 내용 간의 논리적 모순이 있어 결국에는 글의 통일성을 떨어뜨리는 원인이 된다.

3) 통일성, 응집성이 높은 문단을 쓰는 방법

통일성, 응집성이 높은 문단을 쓰기 위해서는 다양한 경로와 방법으로 자료로 수집하고, 주제의 특성을 고려한 내용 조직 방법과 내용 전개 방법을 사용하여 말하고자 하는 바를 표현하여야 한다. 이 외에도 문장과 문장, 문단과 문단을 연결하거나 지시하는 말을 정확히 사용하여야 한다. 또한 중심 내용과 뒷받침 내용을 분명하게 연결되도록 한다. 그리고 각 문단의 내용을 균형 있게 배열할 필요도 있다.

(1) 다양한 경로와 방법을 활용한 자료 수집

논리적인 문단은 주장에 대한 근거가 있어야 한다. 이 근거는 타당성과 신뢰성이 있어야 한다. 타당성은 쓰고자 하는 주제와 관련이 있는 자료와 관련된 특성이고, 신뢰성은 믿을 수 있는 자료와 관련된 특성이다.

(2) 주제의 속성을 고려한 내용 조직 방법

중심 내용을 효과적으로 드러내는 논리적인 문단을 쓰기 위해서는 수집한 자료를 주제의 속성에 맞게 조직하여야 한다. 내용 조직의 대표적인 방법에는 다음과 같은 것들이 있다.

① 시간적 구성

시간적 구성은 시간의 흐름과 관련되거나 일련의 과정과 관계된 내용 등이 주제인 경우에 적합한 구성 방법이다. 주로 기행문이나 발전 과정과 관련된 주제에 적합하다.

② 공간적 구성

공간적 구성은 공간의 변화와 공간적 위치와 관계된 내용 등이 주제인 경우 적합한 구성 방법이다. 건물의 내부 구조, 도시 구조 등과 관련된 주제에 적합하다.

③ 논리적 구성

추상적 개념이나 현상과 관련되는 내용을 그 내용들 사이의 논리적 관계에 따라 구성하는 방법이다.

(3) 내용 전개 방법

다양한 경로를 통해 수집한 자료를 바탕으로 문단의 세부 내용을 전개해 나가야 하는데, 이를 내용 전개 방법이라고 한다.

① 정의

글의 주요 개념의 본질과 범위를 명확히 밝혀 읽는 사람의 이해를 돕는 내용 전개 방법이다. 또한 글에서 사용되는 단어를 일반적인 의미와 다른 뜻으로 사용하기도 한다.

예시

사람은 이성적 동물이다.

즉, 정의는 판명하려는 개념(사람)을 주어로 하고 종차와 최근류(最近類)를 객어로 하는 판단으로써 성립한다. 종차는 어떤 개념이 다른 개념과 구별되는 요소인데, 여기서는 '이성적'이라는 요소이다. 어떤 개념의 바로 상위에 있는 개념을 최근류라고 하는데, 위의 문장에서는 '동물'이 최근류이다.

② 분석

분석은 복잡한 대상이나 개념을 단순한 요소로 나누는 내용 전개 방법이다.

구체적이든 추상적이든 하나의 전체로서 취급할 수 있는 것들은 분석의 대상이 된다.

예시

고등학생의 아르바이트를 부정적으로 보는 시선이 여전히 존재한다. 그 이유는 근대 산업화 시기에 많은 아동, 청소년들이 노동에 혹사당하여 인권을 짓밟혔던 경험도 있을 것이다. 하지만 가장 큰 원인은 학생의 의무를 학업으로 보고 노동을 학생답지 않은 일이라고 생각하기 때문이다.

고등학생의 아르바이트를 부정적 보는 시선에는 근대의 부정적 경험과 학업을 학생의 의무로 보는 관념으로 나누고 있다.

③ 묘사

묘사는 복잡한 것을 단순한 것들로 나누고 전체와 부분과의 관계를 규명하는 방법인데, 분석과 달리 구체적인 대상을 다루면서 감각적인 인상에 크게 의존한다.

예시

구포 다릿목에서 차를 내렸으나 물은 이미 위험 수위를 훨씬 돌파해서, 다리는 통금이 돼 있었다. 비상 경계의 붉은 깃발이 찌어질 듯 폭풍우에 펄럭이고, 다릿목을 건너지른 인줄 곁에는 한국인 순경과 미군이 버티고 있었다.

〈김정한, 모래톱 이야기 중에서〉

큰물이 진 '낙동강'의 부근의 상황을 주로 시각적 이미지를 사용하여 서술하고 있다.

④ 분류

실제 분류와 구분은 명확하게 구별되지 않는다. 분류의 사전적 의미는 종류에 따라서 가름인데, 철학에서는 유개념의 외연에 포함된 종개념을 명확히 구분하여 체계적으로 정리한다는 의미이다. 이에 비해 구분의 사전적 의미는 일정한 기준에 따라 전체를 몇 개로 갈라 나눈다는 뜻이다. 다음은 〈표준국어대사전〉의 용례인데, 명확하게 구별되지 않는다.

> 서정시와 서사시의 구분은 상대적일 뿐이다.
> 율격에 의한 시의 분류.

예시

> 우리말의 어휘 체계는 어종에 따라 고유어, 한자어, 외래어로 나뉜다.

우리말의 어휘의 종류를 '어종'에 따라 나누고 있다.

⑤ 비교와 대조

비교와 대조 역시 사전적 의미로는 구별하기 어렵다. 비교는 둘 이상의 사물을 견주어 서로 간의 유사점, 차이점, 일반 법칙 따위를 고찰하는 일을 가리키는 말이고, 대조는 둘 이상인 대상의 내용을 맞대어 같고 다름을 검토하거나 서로 달라서 대비되는 것을 의미한다. 공통점을 중시하면 비교, 차이점을 중시하면 대조로 보는 것이 일반적이다.

예시

> 음운은 말뜻을 구분해 주는 최소 단위이다. 음운은 다시 분절 음운과 비분절 음운으로 나뉜다. 비분절 음운도 음운인 이상 말뜻을 구별해 주지만 분절 음운과 달리 실질적인 소릿값이 분리되지 않은 음운이다. 분절 음운을 음소, 비분절 음운을 운소라고도 한다.

음운의 종류를 분절 음운과 비분절 음운으로 나누고 있다. 분절 음운과 비분절 음운은 모두 말뜻을 구분해 준다는 공통점이 있지만 비분절 음운은 실질적 소릿값이 분리되지 않는 점에서 분절 음운과 차이가 있다.

⑥ 유추

유추는 유비추리의 준말로 같은 종류의 것 또는 비슷한 것에 기초하여 다른 사물을 미루어 추측하는 일을 의미한다. 즉 서로 비슷한 점을 비교하여 하나의 사물에서 다른 사물로 추리하는 것이다. 아래 예시문은 스펜서의 사회 진화론이 다윈의 진화론에서 유추한 것이라는 것을 보여 준다.

예시

스펜서는 다윈의 진화론을 생물체가 단순한 것에서 복잡한 것으로 진화하는 것으로 이해했다. 따라서 사회도 단순한 구조에서 복잡한 구조로 진화할 것이라고 보았다. 그리고 약한 동물은 복잡하고 힘센 동물의 먹이가 되듯이 사회적 약자는 권력과 힘을 가진 이에게 늘 수탈당할 수밖에 없다고 하면서 이를 적자생존과 약육강식이라는 말로 압축해 버렸다. 이렇게 스펜서에 의해 다윈은 생물학적 진화론은 인간 사회의 변화 과정을 설명하는 '사회 진화론'으로 확장되었다.

⑦ 서사

서사는 시간의 흐름에 따라 일어나는 행동 사건의 전개에 따르는 행위에 초점을 두는 내용 전개 방법이다. 서사는 주로 행위가 일어난 시간, 장소 등과 관련된다.

⑧ 인과

인과는 어떤 결과를 가져오게 한 영향, 힘 또는 이러한 힘에 초래된 현상에 관련되는 내용 조직 및 전개의 원리이다.

⑨ 과정

과정은 "어떤 특정의 목표나 결과를 가져오게 한 일련의 행동, 변화, 기능, 단계 적용 들에 관계되는" 내용 조직 및 전개 방법이다. 서사는 '무엇'에 관한 사항에 중점을 두지만, 과정은 '어떻게'에 관한 사항에 주된 관심을 둔다.(교육부, 1997, 249)

(4) 내용 표현 방법

문단의 내용을 표현할 때는 표현하고자 하는 내용에 적합한 어휘와 정확하고 적절한 문장, 어법(語法: 말의 일정한 법칙)에 맞는 문장, 그림이나 도표 활용, 다양한 표현 방법 등을 고려하여야 한다. 여기서는 여러 가지 표현 방법을 사용하여 효과적인 문단을 작성하는 방법을 살펴보자.

① 비유하기

비유하기는 표현하려는 대상(원관념)과 비슷한 속성을 가지고 있는 다른 대상(보조 관념)에 빗대어 표현함으로써 그 자체의 성질, 모양 등을 뚜렷하고 선명하게 하여 원관념을 쉽게 이해시키기 위한 표현 방법이다.

일반적으로 비유하기는 문학적인 글을 쓸 때 사용하는 것으로 인식되지만 정보 전달이나 주장하는 글에서도 사용될 수 있다.

예시

이는 'ㅡ' 모음은 음성학적인 면에서 아무런 특징을 가지지 않은 모음이기 때문이다. 즉, 'ㅡ'는 마치 투명한 유리와 같아서 다른 색깔의 소리와 만나게 되면 자신은 사라지고 전적으로 다른 소리의 색깔을 그대로 비춰 준다.– 허용, 「말소리의 특징과 우리말 발음」

가. 직유법(直喩法)

직유법은 공통점을 지닌 두 대상을 직접적으로 비교하여 표현하는 방법이다. 그

형식은 '보조 관념 + 같이, 처럼, 인 양, 듯이' 등의 형태로 쓰인다.

예시

쟁반같이	둥근	달
보조 관념	공통점	원관념

나. 은유법(隱喩法)

은유법은 사물의 상태나 움직임을 암시적으로 나타내는 표현 방법으로 주로 "A는 B이다."라는 형태로 나타나는데, 대상의 본뜻을 숨기고 비유하는 대상만을 드러내는 표현 방법이므로 원관념의 속성을 추측해야 한다.

예시

내 마음은	호수
원관념	보조 관념

위의 예시에서 보이지 않는 '내 마음'이라는 원관념의 속성을 '호수'라는 잘 알려진 사물을 통해 추측해야 한다.

다. 풍유법(諷諭法)

풍유법은 원관념을 속뜻으로 숨겨서 보조 관념만으로 원관념을 간접적으로 드러내는 표현 방법이다. 보조 관념으로 주고 속담, 격언, 사자성어, 우화 등이 사용되며, 원관념은 보조 관념이 표현하려는 상황이 된다.

예시

술을 좋아하는 아빠가 포장마차에 갈 때/그림일기 그리다 말고 나도 따라나선다.
아빠는 똥집 안주로 소주 한 병 마시고/살짝 데친 꼴뚜기 한 접시는 내 차지다.
"꼴뚜기처럼 생긴 애가 꼴뚜기를 참 좋아하네."/포장마차 할머니는 아빠를 본 체도 안 하고
꼴뚜기 먹는 나만 바라본다./"어물전 망신을 꼴뚜기가 다 시킨다더니
우리 집 망신은 요놈이 다 시키누나."/아빠는 하하 웃으며 술잔을 비운다.

–오탁번, 딸에게 온 연애편지 중에서

위 예문은 지지리 못난 사람일수록 같이 있는 동료를 망신시킨다는 뜻을 나타내는 "어물전 망신은 꼴뚜기가 시킨다."라는 속담을 이용하여 상황을 표현하고 있다.

라. 의인법(擬人法)과 활유법(活喩法)

의인법은 사람이 아닌 것을 사람에 비겨 사람이 행동하는 것처럼 표현하는 방법이고, 활유법은 무생물을 생물인 것처럼, 감정이 없는 것을 감정이 있는 것처럼 표현하는 방법이다. 따라서 따라서 활유법이 보다 넓은 개념이며, 인격성이 부여되었을 때 의인법이라고 한다.

마. 제유법(提喩法)과 환유법(換喩法)

제유법은 원관념에서 연상되는 일부분으로 전체를 표현하는 방법이고, 환유법은 어떤 사물을, 그것의 속성과 밀접한 관계가 있는 다른 낱말을 빌려서 표현하는 방법이다.

예시

제유법: 인간은 빵만으로 살 수 없다.
환유법: '흰옷'=우리 민족

바. 중의법(重義法)

중의법은 하나의 단어가 둘 이상의 뜻을 나타내는 표현 방법이다. 문학 작품에서는 의미를 풍부하게 할 수 있지만 정보를 전달하는 글 등에는 사용하지 않아야 한다.

② 변화주기

문장에 변화를 주어 독자의 호기심을 자극하고, 표현을 더 인상 깊게 하기 위한 표현 방법으로 다음과 같은 것들이 있다.

가. 반어법(反語法)

반어법은 표현하고자 하는 의도와는 정반대로 표현하는 방법이다. 반어법은 문장 자체에는 모순이 없으며, 상황이나 문맥과 모순이 생긴다.

나. 역설법(逆說法)

역설법은 겉으로는 모순된 표현이지만 그 속에 진리를 담고 있는 표현 방법이다.

다. 도치법(倒置法)

도치법은 정상적인 언어 배열 순서를 바꾸어 놓음으로써 강한 인상을 주는 표현 방법이다. 우리말의 정상적인 어순 배열은 '주어+목적어+서술어'이며, 부사는 용언 앞에서 수식하는 것이 원칙이다.

라. 설의법(設疑法)

설의법은 분명한 결론을 의문형으로 만들어 독자가 결론을 내리게 함으로써 문장에 변화를 주고 더 큰 효과를 얻으려는 표현 방법이다.

마. 문답법(問答法)

문답법은 철학의 대화법의 첫 단계를 가리키는 말이다. 일반적으로 표현 방법으로서 문답법은 독자들이 글의 내용을 쉽게 이해하고, 생동감을 느낄 수 있도록 스스로 묻고 답하는 방법이다.

예시

그렇다면 플라톤은 여기서 자기모순을 범하고 있는가? 일견 모순으로 보이지만 여기에서 철학과 텍스트 사이에 존재하는 긴장 관계를 발견할 수 있다.

바. 대구법(對句法)

대구법은 비슷한 어조나 어세(語勢, 말의 높낮이, 길고 짧음, 세고 여림 따위를 통하여 나타나는 말에서 느껴지는 힘)를 가진 어구를 짝 지어 표현의 효과를 나타내는 표현 방법이다.

③ 강조하기

표현하고자 하는 바를 보다 강력하게 드러냄으로써 뜻을 한층 더 강하고 절실하게 나타내는 표현 방법이다. 다음과 같은 것들이 있다.

가. 과장법(誇張法)

과장법은 어떤 사물이나 사실을 표현할 때, 선명한 인상을 주기 위해 실제보다 훨씬 크거나 작게 또는 많거나 적게 나타내는 표현 방법이다.

나. 반복법(反復法)

반복법은 같거나 비슷한 음운, 형태소, 단어, 어구, 문장, 통사 구조를 되풀이하여 뜻을 강조하는 표현 방법이다.

다. 점층법(漸層法)과 점강법(漸降法)

점층법은 문장의 뜻을 점점 강하게 하거나, 크게 하거나, 높게 하여 마침내 절정에 이르도록 하는 표현 방법이다. 이에 비해 점강법은 큰 것, 강한 것에서 작은 것, 약한 것으로 표현하는 방법이다.

라. 연쇄법(連鎖法)

연쇄법은 앞 구절의 끝 어구를 다음 구절의 앞 구절에 이어받아 이미지나 심상을 강조하는 수사법.

예시

고인(古人)도 날 못 보고 나도 고인 못 뵈/ 고인(古人)을 못 뵈도 녀던 길 앞에 있네/ 녀던 길 앞에 있거든 아니 녀고 엇뎔고

마. 대조법(對照法)

대조법은 서로 반대되는 대상이나 내용을 내세워 주제를 강조하거나 인상을 선명하게 표현하는 방법이다.

Chapter 04

글의 설계도

1. 계획하기

1) 구상하기

글쓰기에는 계획하기, 작성하기, 수정하기 등 각 단계의 구체적인 절차와 방법이 있다. 각각의 단계에 맞는 방법을 학습하는 것은 효과적인 글을 쓸 수 있는 지름길이다.

먼저 좋은 글을 쓰기 위해서는 자신이 어떤 글을 쓸 것인지에 대해 구상을 해야 한다. 적절한 주제를 선택하고 구체적인 독자를 인식하며 명확한 목적을 세워야 한다. 주제를 선정하는 것은 글쓴이와 독자가 문제의식을 함께 공유하는 것이므로 구체적인 주제와 명시적인 독자를 선정해야 글의 목적을 세울 수 있다.

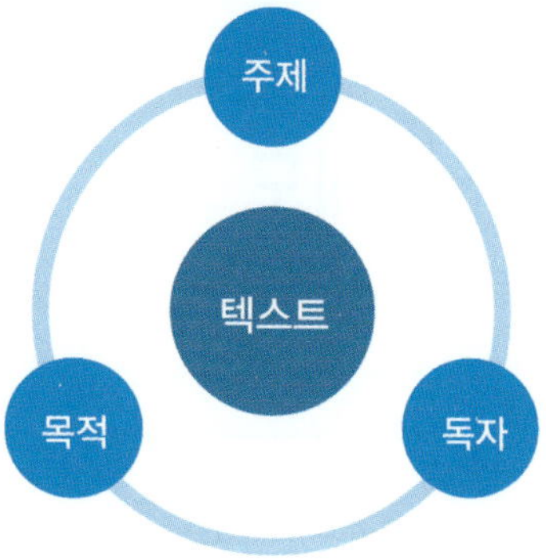

구상하기의 요소

구상하기의 요소
• 무엇에 대해 쓸 것인가.
• 글을 읽을 독자는 누구인가.
• 글을 쓰는 목적은 무엇인가.

2) 주제 설정하기

(1) 주제 설정의 방법

주제란 글쓴이가 그 글을 통해서 나타내려고 하는 중심 생각이다. 주제를 정하는 일은 글쓰기에서 글을 구상하고 그 글에 대한 구체적인 메시지 전달을 위해 선택해야 할 일이다. 좋은 주제를 정할 때 유의해야 할 사항에 대해 알아보자.

첫째, 글을 읽는 이들에게 흥미와 관심을 불러일으킬 수 있는 참신한 것이어야 한다.

대부분의 독자는 글에서 참신한 주제를 요구한다. 새로운 눈으로 사물을 바라보고 예전에 미처 생각하지 못했던 의미들을 발견할 수 있는 신선한 감각을 원한다. 그 글을 쓰는 사람만이 갖는 독특한 시각은 독자에게 새로운 느낌과 감동을 주는 요소가 될 수 있다.

예컨대 고정관념을 거부하는 참신한 시각은 인류의 문화를 바꿔놓기도 한다. 만유인력의 법칙을 발견한 뉴턴은 어디에서 그 법칙을 발견했을까. 사과? 아니다. 뉴턴이 사과나무에서 사과가 아래로 떨어지는 원리를 발견한 것은 사람들이 가진 고정관념을 깨고 그가 알고 있는 연금술을 적용했기 때문이다. 글쓰기의 경우도 마찬가지여서 이런 참신한 주제를 제시해야만 쓰는 사람도 신나고 독자도 감동할 수 있다.

둘째, 문제의식이 살아 있는 명확한 주제여야 한다.

주제는 구체적이고 명확할수록 좋다. 좋은 주제란 나름의 문제의식을 구체화하여 나타낼 수 있어야 한다. 예를 들어 '4차산업 발달과 특성의 과제'는 너무 광범위하고 큰 주제이다. 이러한 주제는 기존의 논의를 정리하고 메시지가 없는 백과사전식 정리에 그칠 수 있다. 즉 '4차산업 발달과 특성의 과제'란 주제로 글을 쓰려면 4차산업의 발전과 특성을 잘 반영해 주는 것 가운데 각자의 문제의식과 관심을 고려하여 우리 생활을 변화시킨 문제로 좁히는 것이 좋다. 가상공간과 현실공간 사이에 삶의 형태를 변화시킨 정보통신 발달과 그에 따른 문제의식을 주제로 초점을 좁히면 창의적인 자기 생각이나 주장을 전개하기가 쉽다.

셋째, 논점이 있어야 한다.

메시지는 글쓴이의 관점과 생각이다. 메시지를 명확하고 구체적인 문장으로 서술하는 것이 주제문이다. 주제문이나 메시지는 반론을 제기할 수 있는 성질의 것이어야 한다. 예를 들어 '코로나를 극복해야 한다.'라고 하는 것은 누구나 알고 있는 상식적인 이야기로서 논점이 구체화되지 않아 논점을 전개하기에 부적절하다. 당위적인 메시지를 전달하는 글은 논점이 없기 때문에 학술적인 가치를 찾기 힘들다.

그렇다면 논점이 있는 메시지와 주제는 어떻게 찾아야 할까. '코로나를 극복해야 한다.'를 좀 더 구체적이고 명확한 주제로 삼기 위해서는 코로나의 발병 현상이 가져오는 우리 생활의 변화를 이해하고 이 문제를 해결할 수 있는 실질적인 해법을 모색하는 논점을 찾아야 한다. 예를 들어 '코로나 극복을 위한 5인 이상 모임 불허'라는 구체적인 대안은 코로나의 전염성을 인식하고 그에 대한 실질적인 예방책을 제시한 것으로서 코로나의 병리학적 특성과 사회에 끼치는 영향을 인식한 배경이 선제 조건으로 논의될 수 있다. 사회문화적 여건으로 주제를 더 구체화한다면 '코로나바이러스의 전이가 인간의 사회문화에 미치는 삶의 변화'라 할 수 있다. 이러한 논점은 우리가 극복해야 할 문제가 무엇이고 어떻게 대처해야 하는 것인지 메시지를 전달할 수 있다.

주제 설정의 방법
• 흥미와 관심을 끌 수 있는 참신한 것이어야 한다.
• 문제의식이 명확해야 한다.
• 논점이 있어야 한다.

(2) 창의적인 주제를 찾는 방법

첫째, 지배적인 가치관의 이면 읽기

우리 사회에서 팽배하고 있는 가치와 그 이면은 무엇인지 성찰한다. 시대가 변함에 따라 그에 따른 가치관도 많은 변화가 있어 왔다. '학벌능력주의', '경제만능주의', '성의 평등성', '자유지상주의', '인권인본주의' 등등으로 표현된 다양한 가치관에 대한 정보를 숙지하는 것이 유익한 자료가 될 수 있다. 사회의 지배적 가치가 무엇인지 그 이면의 특성이 무엇인지 논하는 방법도 창의적 메시지 도출에 도움을 준다.

예를 들어 우리 사회에 팽배한 학벌주의에 내재한 가치가 구체적으로 무엇을 말하는지, 그 이면의 의미는 무엇을 의미하는 것인지를 규명하는 것도 창의적 주제를 도출하는 방법이다. 이를 구체적으로 말하면 '능력주의와 대학 서열주의', '능력주의와 기업 인재 채용', '능력주의와 직업의 계급주의' 등 다양한 가치와 그에 따른 메시지 전달이 능력주의의 이면에 따른 문제를 비판적으로 접근할 수 있는 주제가 될 수 있다.

둘째, 문제를 재정의하고 분석하기

■ 문제의 용어와 개념 살펴보기

주어진 과제나 문제를 재정의하는 것은 문제에 담긴 용어와 개념에 관해 그 의미를 질문하고 그들의 관계를 검토해 보는 것이다. 단순한 사실 여부의 문제보다는 개념 및 의미에 관한 문제를 다루는 것이 글쓴이가 주제를 정하기 쉽다.

예를 들면 '우리 사회의 경제적 불평등은 학벌위주의 능력주의에서 비롯되는가? 아니면 부의 편중에서 오는 양극화의 문제인가?'와 같이 개념어 사용과 그 의미에 대해 질문을 하고 주장을 펼칠 수 있는 주제를 정할 수 있다. 이때 경제적 불평등이란 개념을 명확히 따져봐야 한다. 개념어 사용의 의미와 논의의 수준과 범위 등을 비교하면서 그 의미 규정을 내린다면 중요한 문제의식을 도출할 수 있다.

- 우리 사회의 경제적 구조는 어떻게 형성되었나.
- 부의 편중과 형평성의 관계는 무엇인가? 또 그것이 의미하는 것은 무엇인가.
- 경제적 불평등의 개념에는 어떤 중요한 구성 요소들 및 의미와 가치들이 함유되어 있는가. 그 의미들을 세분화할 수 있는가.
- 경제적 불평등의 의미를 세분화해 보자. 무엇이, 어떻게, 왜, 누구에게 문제가 되는가.
- 경제적 불평등과 학력주의는 어떤 상관관계가 있는가? 그것이 상징하는 것은 무엇인가.
- 경제적 불평등의 해결책은 무엇인가? 해결 가능한 목표를 어디에 둘 것인가.
- 경제적 불평등과 학력주의의 문제들 가운데 무엇을 가장 우선순위에 두고 해결할 것인가.

■ 문제에 대한 다양한 방식으로 질문하기

- 어휘에서 출발한 질문들은 다양한 방식으로 확대된다.
- 이 문제가 일어난 배경은 무엇인가? 다른 논자들은 무엇이라고 말하는가
- 이 문제가 일어난 이유나 근거는 무엇인가? 다양한 입장에 나타난 공통점과 차이점은 무엇인가? 쟁점 요소는 무엇인가
- 이 문제 속에 알려지지 않은 사실이 있는가
- 우리가 이해하지 못하는 것은 무엇인가? 왜 이해하기 어려운가
- 이 문제에 대해 구체적인 사례를 들 수 있는가

셋째, 문제를 다른 관점에서 바라보기

어떤 문제와 관련하여 다양한 입장과 관점에서 바라보는 것은 우리가 미처 생각하지 못했던 논점을 발견할 수 있다. 예를 들어 교육 문제를 바라볼 때 교사의 시각, 학생의 시각, 행정가의 시각, 학부모의 시각, 교육 전문가의 시각에서 보는 것은 다양한 사람의 관점 외에도 문제 자체를 다각적으로 살펴볼 수 있다. 수업의 진행 방식을 '토론, 토의' 수업의 비율을 확대한다면 비판적 사고와 의사소통, 사고력 향상에 긍정적 측면이 있지만, 반대로 입시 위주의 공교육 입장에서는 학생들과 학부모들 사이에 호응을 얻기 힘들 수도 있다. 토론식 수업을 위해서 상당한 시간을 쏟아야 하고 학교 수업의 진도와 객관식 문제에 익숙한 수업 패턴에 비효율적일 수도 있다. 따라서 토론식 수업이 효과적이라면 무엇이 먼저 해결되어야 하는지 등을 심층적으로 분석하고 고민한다면 글의 주제를 보다 창의적이고 현실적으로 형성할 수 있다.

이처럼 주제를 찾을 때는 실질적이고 구체적인 문제의 이면을 다각적으로 바라보는 관점이 중요하다.

■ 다른 관점으로 문제를 바라보기

1. 찬반양론이 엇갈리는 문제의 경우 상대편의 시각으로 바라보기
2. 다른 사람의 시각으로 바라보기
3. 대상이나 문제의 이면을 따져보기
4. 다양한 해석의 틀로 바라보기
5. 유사 사례와 비교하기

창의적 주제 찾는 방법
• 지배적인 가치관의 이면 읽기
• 문제를 정의하고 분석하기
• 문제를 다른 관점에서 바라보기

(3) 주제문 만들기

① 주제문의 요건

주제와 주제문은 다르다. '지구 온난화와 대체 에너지'와 같이 일정한 답을 요구하는 것이 주제라면, 주제문은 그에 대한 자신의 답이다. 논지를 분명하게 전달하기 위해서 주제문은 단순하고 명료해야 하며 논점이 구체적이고 주장을 논쟁적으로 일관성 있게 전개해야 한다.

■ 주제문 작성 시 유의 사항

1. 주제문은 완성된 한 개의 문장이어야 한다.
2. 자신의 견해와 태도가 명확하게 드러나야 한다.
3. 논점이 정확하고 구체적이어야 한다.
4. 주제문의 내용은 객관적이고 공정해야 한다.
5. 너무나 당연하여 누구나 다 알거나 인정하는 내용이어서는 안 된다.

6. 다양한 목록을 단순히 나열하지 말아야 한다.
7. 모호하거나 공격적인 대립된 태도는 취하지 않는다.
8. 효과적인 주제문은 논쟁적인 주장이다.

② 소주제문 만들기

주제문이 글 전체의 주제를 나타낸다면, 소주제문은 글을 이루는 각 문단 혹은 단락의 주제 혹은 중심 내용을 드러낸다고 볼 수 있다. 소주제문은 단락의 구성 및 개요 작성과 직접 관련을 맺기 때문에 구체화하여 세분해야 한다. 예를 들어보기로 한다.

- 주제문: 한국인의 이름은 서양인 이름과는 다르다.
- 소주제문: 한국인 이름은 성이 앞에 온다(서양인은 성이 뒤에 온다).
  한국인 이름에는 항렬자가 있다(서양인에게는 항렬자가 없다).
  한국인은 웃어른의 이름을 쓰지 않는다(서양인은 아버지, 할아버지의 이름을 넣어서 짓는 게 보통이다).

(4) 주제문 만드는 방법

① 브레인스토밍

브레인스토밍을 활용한 주제문 만들기의 방법은 유연하고 풍부한 생각을 이끌어 내려는 태도가 중요하며 사전 준비 없이 아이디어를 수집하는 데 유용하다. 이때 타인의 견해를 비판하지 않고 다양한 견해를 모으는 데 초점을 둔다. 브레인스토밍은 개별 활동이나 조별 활동에서 모두 가능하다.

휴대폰을 이용한 의사소통 방식의 변화'에 관해 관점과 주장을 구체화해 보기로 한다.

예시 1

관점과 주장을 구체화하기 위한 브레인스토밍(휴대폰을 이용한 의사소통 방식의 변화)

- 발신자 확인이 가능 → 수신자의 선택권 보장, 골라 받을 때 생기는 편리함과 문제점. 사생활 보호.
- 개인 휴대전화 사용의 증가 → 가족관계가 개인화됨, 대화 단절.
- 문자 보내기 → 즉각적인 소통이 가능, 이모티콘 사용으로 친밀성 강화, 감정 표현이 가능, 사용 빈도수가 반드시 친밀감 정도와 비례하지 않음, 연장자에게는 이모티콘 사용을 자제하고 편지처럼 보냄, 부담 없이 신속하게 정보를 전달, 신조어 등장으로 세대 간 대화에 어려움, 함축어 사용 증가로 심각한 한글 파괴 현상. 휴대전화 예절이 필요.

다양한 생각을 정리하여 자신의 관점에서 주제를 정하기로 함.

예시 2

주제문 정하기

- 휴대전화는 수신자의 선택권을 보장함으로써 사생활을 보호할 수 있게 해 주었다.
- 휴대전화는 소통방식을 즉각적, 획일적, 개인적으로 변모시켰다.

브레인스토밍으로 주제문 만드는 방법
• 하나의 대상을 선정하여 어떤 관점에서 어떤 주장을 할지 나열한다.
• 타인의 생각을 비판하지 않고 다양한 의견을 모은다.
• 주제가 선명해질 때까지 반복하여 주제문을 확정한다.

② 자유 서술

자유 서술은 문장 쓰기를 통해 생각의 맥락을 잡아냄으로써 주제문을 만드는 데 유용하다. 또한 이를 통해 생각을 정리하고 구체화할 수 있다.

자유 서술로 '자기 탐색'이라는 구체적인 주제를 찾아보자. 먼저 자기 탐색과 관련하여 떠오르는 문장을 서술한다. 일화나 사례를 서술해도 좋다. 자유 서술의 핵심은 풍부한 생각을 끌어내 대상을 좁히는 과정에서 자신의 관점과 주장을 찾아가는 데 있다. 따라서 이미 쓴 문장을 다시 읽기 위해 쓰기를 멈추어서는 안 된다. 문장 자체의 완결성이나 문장 간의 논리적 연결성을 고려하는 데 시간을 써서도 안 된다.

예시

자유 서술

나는 누구인가, 영화를 좋아하고, 책은 잘 안 읽는다. 친구들과 놀러 다니는 걸 즐기고 동아리 선배들과 술 마시러도 잘 간다. 심심한 것은 못 견딘다. 핸드폰으로 사진 찍는 것을 좋아한다. 누군가와 함께 있을 때, 내가 그 사람에게 어떤 의미가 있는지, 반대로 내가 그 사람을 어떻게 생각하고 있는지 좀 더 알 수 있다. 나는 사람과 사람 사이의 관계에서 나를 좀 더 잘 이해하고, 나의 정체성에 대해 생각하는 편이다. 나는 혼자서 사색을 즐기는 것보다 사람들과 이야기하는 것을 좋아한다. 다른 사람들과 이런저런 이야기하면서 감정을 나누면 힘이 생긴다. 나는 정을 나누는 게 좋다. 나는 사람 사이의 관계를 무엇보다 중요하게 생각한다. 다른 사람과의 관계를 통해서 나 자신의 진정한 모습을 발견할 수 있고 삶의 의미도 찾을 수 있다.

예시 2

주제문 정하기

1. 나는 타인과의 관계 속에서 삶의 활력을 얻고 진정한 자아를 발견한다.

자유 서술 주제문 만드는 방법
• 주제와 관련하여 자유 서술을 한다.
• 작성한 글을 읽고 주제에 적합한 문장에 밑줄을 긋는다.
• 주제문으로 정리한 후 수정한다.

3) 구성하기

구성은 주제를 분명하게 드러내기 위해 내용을 선택하여 논리적 흐름에 따라 일관성 있게 배열하는 것이다. 잘된 구성이란 불필요한 내용이나 부족한 내용이 없게 체계화하여 논리적으로 문장을 압축하는 것이다. 글의 구성은 글의 성격에 따라 다양하게 나타난다. 논설문의 구성과 수필의 구성이 같을 수는 없다. 구성의 방법 또한 다양하다. 대표적인 것으로 시공간에 따른 구성, 논리에 따른 구성 등 몇 가지 유형으로 나누어 단락을 작성하거나 글 전체를 쓸 때 사용된다.

(1) 시간적 구성

시간적 구성은 시간적 순서에 따라 사건을 배열하고 그것으로 글의 구성을 삼는 것이다. 시간적 순서에 의한 글쓰기는 보통 일기나 행동의 기록과 같은 움직임을 나타내는 글과 답사, 실험, 관찰에 의한 보고문이나 기행문, 역사서 등을 서술할 때 유용하다.

시간은 사건, 의미와 함께 공간적 차원도 이해해야 한다. 시간과 공간은 상호보완적 관계에 있다. 여행 안내서나 기행문을 보면 시간과 공간이 섞여 나타나는 것은 이 둘이 항상 상보관계에 있기 때문이다.

예시 1

아침에 면도를 하는데 면도기가 부러졌다. 별로 힘도 주지 않았는데 톡이 톡, 하고 꺾어버렸다. 일회용 면도기였냐고? 물론 아니다. 질레트사에서 최근에 내놓은, 값이 거의 육 천 원에 육박하는 제품이다. 든든하기가 이를 데 없고 누군가 일부러 부러뜨릴래야 부러뜨릴 수 없는 것인데, 사용한 지 불과 한 달 만에 이렇게 되어버린 것이다.

면도기가 부러지는 바람에 수염은 반밖에 깎을 수 없었다. 왼쪽 얼굴은 말끔, 오른쪽 얼굴은 그 반대였다. 이런 우스꽝스런 모습으로 출근을 해야 한다니, 나는 기분을 잡쳐 버렸다. 시계를 보았다. 일곱시 사십분, 여유가 없었다. 머리를 말리고 옷을 걸치고 집을 나가 엘리베이터를 기다렸다. 아무리 기다려도 엘리베이터는 오지 않았다. 고장이라도 난 모양이다. 다시 시계를 보았다. 일곱시 오십오분, 나는 15층에서 1층을 향해 중국집 배달원처럼 달려 내려갔다. 5층으르 지나면서 보니 엘리베이터는 문이 열린 채로 6층과 5층 사이에 걸쳐 있었고 엘리베이터 아래로 사람의 다리 두 개가 대롱거리고 있었다.

(김영하, 「엘리베이터에 낀 그 남자는 어떻게 되었나」 중에서)

(2) 공간적 구성

공간은 시간과 더불어 우리가 살고 있는 세계를 지각하는 하나의 범주로서 자연의 풍경, 사물의 겉모습, 얼굴의 생김새 등 대상의 모양이나 상황을 묘사하는 데 아주 유용한 방법이다. 공간적 구성은 사물의 모양이나 장소를 눈에 보이듯 그려내기 때문에 자신이 초점을 둔 대상을 확대하고 나머지 대상은 원경으로 표현하는 변화를 주는 것이 좋다.

예시 2

와우산에 첫눈이 왔다. 기다란, 흰 수염 휘날리는 와우산 소나무가 서있고 하늘에는 달이 환하고 엷은 구름이 떠있다. 하늘을 반넘어 차지한 엷은 구름도 달빛을 받아 눈같이 희다. 강 건너 사장(沙場) 위에도 눈이요 멀리 희미하게 보이는 관악(冠岳)에도 눈이다. 촌설(寸雪)도 못 되는 적은 눈이나 눈이 몹시 부시다.

(이양하, 「조그만 기쁨」 중에서)

(3) 논리적 구성

논리적 구성은 이치를 따져 생각한 것을 원인과 결과, 증거와 결과로 표현한 것이다. 주로 3단 구성과, 4단 구성, 5단 구성 등의 짜임으로 되어 있다.

① 3단 구성

3단 구성은 논리의 기본이 되는 구성으로서 '서론-본론-결론', '도입-전개-결말', '초장-중장-종장' 등의 형태를 갖추어 주제에 의한 문장 전체를 통제한다. 주제를 간결하게 전달하기 적합하기에 짧은 보고서나 자신의 주장을 간단하게 작성하는 데 효과적이다.

예를 들어 기후변화로 인한 인류의 삶의 변화에 대하여 논지를 전개하고 싶다면 다음과 같이 3단 구성으로 작성할 수 있다.

예시 3

3단 구성

제목: 지구 온난화와 인간의 삶
주제문: 지구 온난화가 인간의 삶에 미치는 영향을 이해하고 이에 대한 대안을 마련한다.

Ⅰ. (서론, 서언, 머리말) 지구 온난화가 일어나는 환경에 대한 이해
Ⅱ. (본론) 지구 온난화의 원인과 인간의 삶에 미치는 영향
  1. 기후 변화의 원인
  2. 산업의 발달과 기후 변화
  3. 인간의 삶에 미치는 영향과 현상
Ⅲ. (결론)

② 4단 구성

4단 구성은 '서론-본론1-본론2-결론', '발단-전개-발전-정리', '기-승-전

-결' 따위의 형식을 취하여 3단 구성의 단조로움을 극복하고, 변화를 추구하여 다채로운 효과를 노릴 수 있는 장점이 있다. 위의 예시3을 4단 구성으로 작성하여 볼 수도 있다.

예시 4

4단 구성

제목: 지구 온난화와 인간의 삶
주제문: 지구 온난화가 인간의 삶에 미치는 영향을 이해하고 이에 대한 대안을 마련한다.

Ⅰ. (서론, 서언, 머리말) 지구 온난화가 일어나는 환경에 대한 이해
Ⅱ. (본론) 지구 온난화의 원인
  1. 기후 변화의 요인
  2. 산업의 발달과 기후 변화
Ⅲ. 지구 온난화가 인간의 삶에 미치는 영향
  1. 긍정적 현상과 영향
  2. 부정적 현상과 영향
Ⅳ. (결론) 지구 온난화를 극복하고 해결하기 위한 방안 모색

4단으로 구성한 개요를 살펴보면, 앞 3단 구성보다 내용이 세분화되어 있다는 것을 알 수 있다. 3단 구성에서 본론을 이루는 두 개의 절을 각기 별개의 장으로 독립시켜 4단 구성으로 재구성함으로서 좀 더 구체적인 논증을 제시할 수 있는 근거를 마련하게 된 것이다.

③ 5단 구성

5단 구성은 '현상 파악-문제 제기-원인 분석-해결 방안-정리' 또는 '발단-전개-위기-절정-극복'의 단계로 되어 있다. 위의 예시는 5단 구성으로도 가능하다. 그럴 경우 Ⅳ장에서 지구 온난화의 문제해결을 위한 예방 방지 대책과 해결안을 모색할 수 있다. 예컨대 다음과 같이 단락 구성을 할 수 있다.

예시 5

5단 구성

제목: 지구 온난화와 인간의 삶
주제문: 지구 온난화가 인간의 삶에 미치는 영향을 이해하고 이에 대한 대안을 마련한다.

Ⅰ. (서론, 서언, 머리말) 지구 온난화가 일어나는 환경에 대한 이해
Ⅱ. (본론) 지구 온난화의 원인
  1. 기후 변화의 요인
  2. 산업의 발달과 기후 변화
Ⅲ. 지구 온난화가 인간의 삶에 미치는 영향
  1. 긍정적 현상과 영향
  2. 부정적 현상과 영향
Ⅳ. 지구온난화를 극복하고 해결하기 위한 방안 모색
Ⅴ. (결론)

5단 구성은 앞 4단 구성과 내용이 같다는 것을 알 수 있다. 4단 구성에서 본론을 이루는 두 개의 절을 각기 별개의 장으로 독립시켜 5단 구성으로 재구성하였기 때문이다. 두 개의 절이 대등한 무게와 비중을 가지고 있기 때문에 가능하다. 이럴 경우 Ⅳ장에서 필자의 주장이나 태도, 해석을 강하게 제시할 수 있기에 논증문의 개요로서 훨씬 바람직하다. 이런 수정을 거듭하다 보면 특정 주제와 가장 적합한 개요가 무엇인지 자연스럽게 이해할 수 있게 된다.

구성하기
• 시간적 구성
• 공간적 구성
• 논리적 구성

4) 단락 구성의 원리

첫째, 단락은 하나의 중심 생각으로 이루어져야 한다.

단락은 하나의 중심 생각만 포함한 소주제를 나타내는 글이다. 이것은 글 전체의 주제와 밀접한 관련을 가진다.

예시 1

실패에 대한 두려움, 불확실한 것에 대한 공포는 우리의 꿈을 가로막는 강력한 장애물입니다. 우리는 항상 안전한 것만 추구하고 자신을 보호할 수 있는 범위에만 머뭅니다. 그것이 훨씬 쉽고 안전하다고 자신에게 변명을 늘어놓기까지 합니다. 내가 처음 여행길에 올랐을 때 확실한 것이 아무것도 없었습니다. 부모님 곁을 떠난 순간 나는 무일푼에다가 의지할 곳 하나 없는 상황이었습니다.

그렇지만 내게 중요한 것, 내가 꼭 이루고 싶어하는 것을 이해 노력하고 싶었습니다.

결과가 어떻게 나올지는 알 수 없지만 이번 여행에 나 자신을 전부 걸었지요. 아무리 큰 위험이 있더라도 그것을 잘 극복해 내면 더 큰 결과를 얻으리라는 믿음이 있었으니까요.

(다니엘 세디키, 『까짓것! 한번 해보는 거야』 중에서)

글의 중심 생각은 제목과 유기적으로 관계하고 긴밀하게 조화를 이루어야 한다. 단락에 하나의 중심 생각만을 지녀야 한다는 것은 글 전체의 주제를 뒷받침할 수 있는 초점이 있어야 한다는 것을 의미한다.

둘째, 단락은 통일성을 지녀야 한다.

좋은 글은 단락을 구성하는 각 문장들이 일정한 순서로 배열하여 유기적으로 연관되도록 해야 글의 흐름을 매끄럽게 할 수 있다. 글이 통일성을 갖추려면 주제의 일관성이 있어야 하며, 단락 간에 논리적인 연관관계를 형성하는 연속성이 있어야 한다. 글에 연속성을 부여하기 위해서는 소주제문을 뒷받침하는 여러 문장들이 주제와 거리가 멀거나 상반되는 내용이어서는 안 된다. 따라서 문장 간 논리적인 연관관계를 고려하여 뒷받침 문장들이 소주제문과 긴밀하게 연관되도록 서술해야 글의 통일성을 갖출 수 있다. 또한 적절한 접속사와 지시어, 혹은 대명사를 사용해 단락과 단락 사이를 이어주는 것도 효과적이다.

예시 2

수학 선생님은 학생들에게 무척 엄격하시다. 때로는 가혹하시기조차 하다. 숙제로 내준 문제를 하나라도 풀어오지 않으면 엄한 벌을 내리신다. 모든 과목 중 나는 수학을 제일 좋아한다. 내가 수학을 좋아하는 이유는 수학이 논리 정연한 이치를 담고 있기 때문이다. 수학 선생님의 약혼자는 굉장한 미인이라고 한다. 어떻게 생겼는지 한번 보고 싶다.

셋째, 단락은 완결성을 지녀야 한다.

전체의 글이 완성을 이루기 위해서는 단락을 구성하고 있는 내용이 어딘지 불필요하여 글의 전체적인 흐름을 방해할 때가 있다. 글의 완결성을 위해서는 소주제문은 뒷받침 내용을 충분히 집약하여 하나로 모을 수 있어야 하고, 뒷받침 문장은 소주제문의 내용을 헤치지 않는 범위 내에서 기술되어야 한다.

완결성이 높은 글을 작성하기 위해서는 서두에 문제 제기, 본론에 충실한 설명, 결말의 명확한 주장이 논리적으로 서술되어야 한다. 서두에 문제 제기를 하였다면 결말에 그에 호응하는 주장을 일관성 있게 기술하여야 한다. 이때 소주제문을 뒷받침해 주는 예시를 들어 단락 안에서의 연결성 있는 논증을 드러내는 것이 효과적이다.

문단 구성 원리
• 하나의 문단에 하나의 중심 생각으로 이루어져야 한다.
• 통일성을 지녀야 한다.
• 완결성을 지녀야 한다.

2. 내용 작성하기

1) 서두 쓰기

사람들은 일반적으로 글의 서두를 쓸 때 두려움을 느낀다. 서두는 본론에서 펼쳐질 내용을 고려하여 쓰는 것이 필요한데 경험의 일화나 시사적인 사실을 언급하는 것이 효과적이다. 혹은 경구, 잘 알려진 명제를 제시하기도 하며 수사적인 표현으로 시작하여 질문이나 주장에 대한 문제 제기를 하기도 한다. 서두를 쓰는 방식은 글의 주제와 성격을 고려하여 선택해야 한다.

(1) 경험적 일화가 소개되는 서두

체험적 일화로 시작하는 서두가 너무 길면 글의 주제를 간명하게 암시하고 내용을 이끌어 내야 하는 서두의 기능에 충실하지 못할 수 있다.

예시 1

나는 어떤 도시로 여행을 하면서 그 도시의 장거리를 구경하고 싶어 한다. 국내의 도시로 여행을 하든 외국의 도시로 여행을 하든 마찬가지다. 해거름에 장거리에서 첫날의 저녁밥을 먹는 일은 그 도시의 속살 냄새를 맡는 일이라고 나는 생각한다. 남도의 한 소도시, 나는 초행인 그 소도시의 장거리를 홀로 걷는다. 어디에선가 슬픈 노래가 들려오고 있다. 텔레비전이나 라디오에서 더 이상 들을 수 없을 듯한, 한물 간 여가수의 흘러간 노래다. 나의 걸음은 그쪽으로 쏠린다. 짐작했던 대로 약장수가 판을 벌리고 있다. 보고 듣는 사람의 마음을 짠하게 하는 여가수의 노래는 울긋불긋하게 차려입은 차력사의 시범으로 이어진다.

(이윤기, 『약장수가 가수와 차력사를 내세우는 까닭』 중에서)

(2) 시사적 이야기로 시작되는 서두

서두에서 시사성 있는 문제 제기를 하는 경우, 글 전체의 주제를 암시하는 효과를 줄 수 있다. 이 경우는 본론에서 다룰 내용이 전제되거나 기초적인 사실 정보를 제공하는 기능을 하게 된다.

예시 2

"어려운 분들을 위해~" 아산서 익명의 기부자 매주 10만 원씩 4년간 선행
4년간 1658만 원 기부... 남성 외에는 알려진 신상 없어

충남 아산시 온양 3동에 4년간 얼굴을 밝히지 않은 기부자의 사연이 뒤늦게 알려졌다.

5일 아산시에 따르면 최근 익명의 기부자가 온양 3동 행정복지센터 내에 위치한 모금함에 '비록 적은 금액이지만 힘들고, 어렵게 사시는 분들을 위해 기부합니다'라는 손 글씨가 적힌 흰 봉투와 함께 10만 원을 넣고 사라졌다.

이 익명의 기부는 4년간 매주 이어져 온 것으로 알려졌다. 그는 2019년부터 매주 온양3동 행정복지센터를 방문해 모금함에 10만 원씩 기부를 하고 있다. 지금까지 기부한 금액만 1658만 원에 달하고 있다.

(김경동, 다음뉴스, 2023.01.05. http://talk.tf.co.kr/bbs/report/write)

(3) 경구 또는 명제를 인용한 서두

인용구나 명제를 글의 첫머리에 시작하는 것은 자신이 말하려는 내용에 보편적 권위를 부여하기 위한 것이다. 아울러 그에 대한 새로운 재해석을 시도함으로써 문제의식을 심화시키기도 한다.

예시 3

교육이 나에게 베푼 은혜 중 가장 큰 것은 그것이 여행을 가능하게 했다는 점이다. 나의 말이 아니다. 그리스 작가 니코스 카잔차키스의 말이다.

나 같으면 교육이 사람들에게 끼칠 수 있는 가장 큰 해학은 그것이 여행을 어렵게 한다는 점이다. 이렇게 고쳐 말하겠다. 우리나라 교육은 우리나라 사람들이 우리나라에서만 잘 살게 만드는 것을 목표로 삼고 있다고 나는 생각한다.

(이윤기, 『이탈리아여, 그대가 옳다』 중에서)

(4) 문제 제기 방식의 서두

주장이나 논쟁적인 글을 쓸 때는 서두에 문제 제기 형식을 활용하는 것이 좋다. 문제 제기 방식의 서두 쓰기는 화제를 좁히면 글의 대상을 구체화하는 데 도움이 된다.

예시 4

"여성 문제란 무엇인가"라는 물음에 대한 답은 간단히 정의될 수 있다. 이른바 여성 문제는 생물학적 성으로서의 여성에게 가해지는 정치, 경제, 사회, 문화적인 제반 억압과 차별 그리고 착취이다. 그러나 여성 문제의 본질은 무엇이며 어떻게 해결될 수 있는가의 문제에 대한 답은 그리 간단하지 않다. 어떤 관점에서 여성 문제를 보는가에 따라 여성 문제에 대한 진단과 해결책이 달라지기 때문이다.

(이승희, 『한국의 여성문제-한국 사회 여성 문제의 전개와 성격』 중에서)

효과적인 서두 쓰기
• 경험적 일화의 소개
• 시사적인 사실의 언급
• 경구 혹은 명제의 제시
• 수사적 표현으로 쓰기
• 질문이나 주장의 문제 제기

2) 결말 쓰기

결말은 본론의 핵심을 정리하고 그로부터 기대되는 결과를 예상하거나 새로운 문제를 제기한다. 결말은 글의 매듭을 짓는 동시에 새로운 과제를 던지고, 서두의 문제 제기에 답하는 것이어야 한다.

(1) 본론 요약, 문제 해결, 대안 제시하기

글의 결말은 서두에서 제시한 문제를 해결하고 대안을 제시해야 한다.

예시 1

타지마할의 진정한 모습은 흰 대리석의 영묘만이 아닌 묘역 전체에 있다. 나아가 야무나 강과 아그라 성 그리고 타지마할이 이루는 큰 형상은 놓쳐서는 안 될 조화이다. 그곳에는 저 세상과 이 세상이 함께한다. 학자들은 타지마할이 낙원을 상징하는 정원 한가운데 아닌 강가에 서 있고 네 면에 새겨진 『코란』이 모두 심판의 날과 부활의 날에 관한 것이라 하여, 낙원의 이미지보다 최후 심판일의 성좌를 상징한다고 한다. 그러나 건축의 본질적인 의미는 지을 당시의 논리에 구속되지 않는다. 필요에 국한된 건축은 당대에 의미가 소멸하지만 본질을 말하는 건축은 영원히 존재하는 것이다.

열네 번째 아기를 낳다가 죽은 아내를 위해서 샤흐 자한은 22년에 걸쳐 그녀의 무덤을 지었다. 그는 삶과 죽음의 의미를 영원의 낙원과 최후의 심판, 실재와 비실재의 이중 이미지를 통해 인류의 아름다움으로 승화시킨 것이다. 천년 건축을 알기 위해 역사를 알아야 하지만, 참다운 천년 건축은 누구나 알 수 있는 조형 언어로 역사의 의미를 말한다. 타지마할에서 삶과 죽음의 시간과 공간을 느끼지 못한다면 아름다움을 아는 것이 아니다.

(김석철, 『위대한 사랑의 시학적 공간, 타지마할』 중에서)

이 글은 세계적인 건축물인 인도의 타지마할을 보고 그 예술적 아름다움을 드러낸 글이다. 단순한 기행문의 성격을 벗어나 예술품을 분석하는 섬세한 시각과 예술적 관점이 잘 드러나 있다는 데서 예술과 인간의 삶의 관계를 조망하는 글의 자료가 될 수 있다.

(2) 알려진 글 인용하기

잘 알려진 글의 일부나 주제에 부합하는 명제를 인용하는 것은 반드시 서두에만 적용되는 것은 아니다. 이러한 인용구는 결말에서 독자의 공감대를 얻고 설득력을 높이는 데 기여할 수 있다.

예시 2

'호연지기(浩然之氣)'는 '지극히 위대하고 지극히 굳센 것으로서 천지(天地) 사이에 들어찰 만한 것'이라 하였다. 공자는 '인자(仁者)는 불우(不憂)하고, 지자(知者)는 불혹(不惑)하고, 용자(勇者)는 불구(不懼)라'하였거니와 '불우, 불혹, 불구'하는 경지에 이르면 저절로 호연지기가 생기는 것이다. 이런 호연지기를 가지는 사람을 맹자는 대장부(大丈夫)라 하여 대장부의 모습을 다음과 같이 묘사하였다.

천하에 가장 넓은 집(仁)에서 살고, 천하에서 가장 바른 자리(禮)에 올라 앉으며, 천하에서 가장 큰 길(仁義의 道)을 걷는다. 남이 알아서 써 주면 백성들과 함께 같이 그 길을 걷고, 알아 주는 사람이 없으면 홀로 그 길을 간다. 부귀도 그의 뜻을 어지럽히지 못하고, 빈천도 그의 뜻을 움직이지 못하며 위무(威武)도 그의 뜻을 굴복시키지 못한다.

(이상은, 『동양적 인간형-맹자의 사상을 중심으로』 중에서)

(3) 선택적 판단 및 부연하기

본론에서 다양한 논의가 진행되었을 경우, 글쓴이의 판단과 함께 이를 부연하는 서술이 더해질 필요가 있다. 논쟁적 주제를 대상으로 글을 쓸 경우 이러한 결말 쓰기가 그 전체의 구성면에서 효과적인 방법이 될 수 있다.

예시 3

나는 동양과 서양의 문화가 서로의 문화를 수용하여 중간쯤에서 수렴될 것이라는 이 세 번째 견해가 '문화 차의 미래'에 대한 가장 타당한 견해라고 믿는다. 동양과 서양은 서로의 장점을 수용하여 두 문화의 특성이 함께 공존하는 문화 형태를 만들어 낼 것이다. 마치 요리의 재료들이 각각의 속성은 그대로 지니면서도 서로 어우러져 하나의 새로운 요리를 만들어 내듯이 두 문화는 새로운 통합을 맞이할 것이다. 그 통합이 두 문화의 가장 좋은 특성들만을 모아 놓은 걸작이 되기를 기대해 본다.

(리처드 니스벳, 『생각지도-동양과 서양, 세상을 바라보는 서로 다른 시선』 중에서)

이처럼 선택적 판단의 결말 쓰기를 통해 글쓴이의 생각을 설득력 있게 주장할 수 있다.

(4) 문제 상황 환기시키기

결말에서 문제의 상황을 드러내는 것 또한 공감을 얻을 수 있는 방법이다.

예시 4

그리하여 그는 상냥함과 신중 사이에서 중도를 걷고자 노력했다: 그녀의 그 황홀한 편지들에 대한 답신으로서 그는 우애 어린 동시에 절제로 가득 찬 쪽지들을 보냈던 것이다; 경칭을 생략한 그녀의 허물없는 어투에 그는 오랫동안 경칭을 써서 응수했으며; 그들이 같은 도시에 있게 될 때면 그녀에게 전적으로 아버지와 같은 온정을 보이면서 그녀를 집으로 초대했지만 되도록 다른 사람들이 함께 있는 자리를 골랐다.

그렇다면 도대체 무엇이 문제였는가?

베티나는 어느 편지에서 그에게 이런 말을 적었었다: “나는 당신을 영원히 사랑하려는 곧고 견고한 의지를 갖고 있답니다.” 진부하게 여겨지는 이 문구를 주의 깊게 읽어 보라. ‘영원히’와 ‘의지’라는 말이 ‘사랑한다’는 말보다 훨씬 더 중요성을 갖고 있다.

나는 이 물음에 대한 대답을 미결로 미루지 않겠다. 문제는 사랑이 아니라 바로 불멸이었다.

(밀란 쿤데라, 『불멸』 중에서)

효과적인 결말 쓰기
• 본론 요약 및 대안 제시하기
• 경구 또는 명제 인용하기
• 선택적 판단 및 부연하기
• 문제 상황 환기시키기

3. 수정하기

글을 쓰는 과정에서 주제가 바뀌거나, 논증에 실패할 경우, 구성이 잘못되어 논지 전개가 원활하지 않을 수도 있다. 이러한 문제는 수정하기를 통해 해결할 수 있다. 수정하기는 생각을 정리하고 발전시키며 자신의 생각에 적합한 문장이나 어휘 표현을 찾을 수 있다.

1) 수정하기 원칙

- **첨가**: 설명이 부족하여 주제가 충분히 부각되지 못한 부분이나 근거가 부족하여 논리적 비약이 있는 부분에 대하여 빠진 내용을 첨가한다.
- **삭제와 대체**: 주제의 초점이 흐리는 부적절한 내용이나 순환의 논리에 빠져 반복되는 설명, 모호하거나 거친 표현은 삭제하거나 대체한다.
- **재배열**: 글의 논리적 흐름이 끊어졌거나 전개 순서가 바뀌었을 때, 단락이나 문장이 뒤엉켰을 때, 글의 구성 순서를 바꾸거나 나누어 재배열한다.

2) 수정하기의 대상

- **주제 및 내용**: 주제문과 관련이 없는 설명이나 내용이 있는지, 주제문에 들어 있는 내용 중에서 빠진 것은 없는지 글의 통일성에 중점을 두어 수정한다.
- **구성**: 단락과 단락이 자연스럽게 연결되어 있는가 확인한다.
- **단락**: 단락의 내용은 각각의 단위 안에서 하나의 생각으로 일관성을 유지해야 한다. 단락 안에 소주제문이 있는지, 뒷받침 문장은 소주제문과 연관되어 있는지 살펴봐야 한다.

- **문장**: 문장은 간결하고 단순해야 한다. 주어와 서술어의 호응이 맞아야 하며, 내용이 중의적이면 뜻이 모호해지므로 한 문장에 하나의 의미만 표현하는 것이 좋다. 올바른 외국어 표기가 되어 있는지 찾아 고쳐 써야 한다.
- **어휘**: 지시어를 쓸 때는 지시 대상이 분명하게 나타나 있어야 한다. 접속어의 논리적 관계는 정확한지, 모호한 표현이나 부정확한 어휘는 없는지 확인한다. 정확한 개념을 모르고 쓴 전문 용어나 적절하지 못한 수사는 없는지 찾아서 수정한다.

3) 수정하기의 단계

수정하기는 글을 완성할 때까지 반복해서 고쳐 쓰기를 해야 한다. 초고를 수정할 때 글의 전개가 주제와 맞는지, 글의 내용은 적합한지, 글의 구성은 제대로 되어있는지에 중점을 두어야 한다. 그 다음에 단락과 문장이 상호보완적 관계를 유지하고 있는지, 어휘 표현은 적절한지에 중점을 두어 정확하게 수정해야 한다.

(1) 서론, 본론, 결론 쓰기의 수정

- 서론
  - 연구 주제나 주제 설정의 배경이 드러나 있는가.
  - 기존 연구와의 차별성이 있는가.
  - 글의 목표, 즉 답하고자 하는 질문이 드러나 있는가.
  - 연구의 의의가 드러나 독자에게 글을 읽을 동기를 부여해 주고 있는가.
- 본론
  - 하위 주장들이 잘 정돈되어 있는가.
  - 각각을 뒷받침하는 근거들이 충분한가.
  - 단락과 단락이 잘 연결되어 있는가.

• 결론
  – 글의 내용이 적절하게 재진술하고 있는가.
  – 연구 주제나 의의, 시사점이 잘 드러나 있어 독자에게 중요성을 알리고 있는가.
  – 연구 결과의 적용 가능성, 향후 논의의 방향을 제시하고 있는가.

(2) 수정하기 사례

에시 1	수정 전	첨삭	수정 후
	일반적으로 평균이라 착각하는 것은 사실 중앙값이다. 정보의 밀집을 표시 한 것은 최빈값이다. 이 두값을 제외한 평균은 대푯값이 될 수 없다. 이것이 바로 평균의 함정이다.(본론 마지막) 잘못된 평균에 속아 전체를 읽을 줄 모르게 된 사람들. 그들의 눈엔 평균에 미치지 못한 현실의 모순이 보이지 않은 걸까? (결론)	결론 부분이 짧고 미흡합니다. 본론 마지막 단락에서 '평균의 함정'에 대해 설명해 놓고 결론에서는 함정에 속은 사람들에 대한 지적으로 마무리했습니다. 결론에서는 통계가 지니는 의미와 자신의 생각을 넣는 것이 좋습니다.	**통계는 사회 현상을 나타내는 중요한 수치이다. 전체를 반영하지 못하는 대푯값은 복잡한 현상을 일반화하는 과정에서 현실을 왜곡하기도 한다. 잘못된 평균은 평균 이하의 사람들에게 자신은 평균에도 못 든다는 패배감을 안겨 준다. 우리는 평균의 함정에 속지 말고 전체와 분포도를 보고 해석할 줄 아는 눈을 가져야 한다.**

출처: 김양선, 대학글쓰기에서 첨삭-상담-고쳐쓰기 연계교육의 효과연구-한림대학교 글쓰기 멘토링 사업의 사례를 중심으로, 교양교육연구 제6권 제4호, 2012.12.

결론의 경우 분량이 적고, 주관적인 진술로 끝나 설명글의 양식에 적합하지 않아 통계가 지니는 의미를 정리했다. 또한 본론 마지막 단락의 내용과 결론 단락 간의 내용이 유기적으로 연결되지 못하는 것도 확인했다.

Chapter 05

글쓰기와 어문 규정

1. 한글 맞춤법의 기본 원칙

글쓰기는 자신의 생각이나 느낌을 표현하는 것을 넘어서, 읽는 사람과 의사 소통하는 행위이다. 독자와 의사 소통하는 과정에서 지켜야 하는 여러 가지 사회적 관습이 있는데, 그중 하나가 어문 규정 준수이다. 국어 어문 규정인 한글 맞춤법, 표준어 규정, 외래어 표기법, 국어의 로마자 표기법 등은 언어생활에서 따르고 지켜야 할 공식적인 기준이다. 그런데 한글 맞춤법, 표준어 규정, 외래어 표기법, 국어의 로마자 표기법을 모두 다루기는 어렵다. 여기서는 한글 맞춤법 총칙 제1항과 외래어 표기법의 기본 원칙, 글을 쓸 때 혼동하기 쉬운 말을 중심으로 다루었다.

> 한글 맞춤법 제1장 총칙 제1항
> 한글 맞춤법은 표준어를 소리대로 적되, 어법에 맞도록 함을 원칙으로 한다.

한글 맞춤법 제1장 총칙 제1항은 한글 맞춤법의 대원칙이다. 총칙 제1항에는 “표준어를 소리대로” “어법에 맞도록”, “원칙으로 한다.” 등의 원리가 있다.

(1) 흙[흑], 흙만[흥만], 흙도[흑또], 흙이[흘기]
(2) 저 다리가 더 긺[김] 많이 베풂[베품]

‘흙’이라는 단어는 위에서 보는 것처럼 환경에 따라 세 가지로 발음된다. “표준어를 소리대로”라는 원칙만 따르면 환경에 따라 ‘흑’, ‘흥’, ‘흘’으로 표기되어야 하는데, 이렇게 되면 ‘흙’이라는 단어의 원래 형태가 드러나지 않아 의미 파악이 어렵다. 그래서 “어법에 맞도록” 한다는 원칙이 필요하다. 이때 어법은 표준어의 표기와 관련된 원리이다. (2)의 ‘긺’과 ‘베풂’은 각각 [김], [베품]으로 발음된다. 그런데 소리 나는 대로 표기하면 이 말과 ‘길다’, ‘베풀다’의 관련성을 알 수가 없게 되므로 원래의 형태를 밝혀 적는다.

“원칙으로 한다.”라는 말은 원래 형태를 밝혀 적지 않는 예외도 있다는 뜻이다. 대표적인 예가 ‘며칠’이다. ‘몇 년[면년]’, ‘몇 월[며둴]’, ‘몇 시[멷씨]’처럼 ‘몇’이 공통되는 것으로 인식하여 ‘몇 일’로 쓰는 일이 많다. 그러나 ‘몇 일’이라고 하면 [며딜/면닐]로 소리가 나야 한다. 그러나 실제로는 [며칠]로 발음되므로 ‘몇’과 ‘일’의 결합으로 보지 않는다.

2. 외래어 표기법의 기본 원칙

제2항 외래어의 1음운은 원칙적으로 1기호로 적는다.

외래어의 1음운은 1기호로 표기하는 것이 이상적이다. 외국어의 '[b], [v]'는 'ㅂ'으로 적고, '[p], [f]'를 'ㅍ'으로 적는 것은 이때문이다. 한편 'top'은 '톱', 'robot'은 '로봇', 'nest'는 '네스트'로 적는 것처럼 자음 [t]는 놓이는 환경에 따라 다른 기호로 적힐 수도 있기 때문에 '원칙적'이라는 표현을 사용하고 있다.

제3항 받침에는 'ㄱ, ㄴ, ㄹ, ㅁ, ㅂ, ㅅ, ㅇ'만을 쓴다.

국어에서 음절의 끝소리에서 'ㄱ, ㄴ, ㄷ, ㄹ, ㅁ, ㅂ, ㅇ'의 일곱 개만 발음된다. 그런데 외래어를 표기할 때에는 'ㄷ'이 아닌 'ㅅ'이다. 'racket'의 경우 '라켓'으로 표기하더라도 단독으로 쓰일 때의 발음은 [라켇]이다. 하지만 뒤에 모음으로 시작하는 '–이', '–을' 등이 오면 [라케시], [라케슬] 등으로 발음되므로 'ㅅ'을 받침으로 적는다.

제4항 파열음 표기에는 된소리를 쓰지 않는 것을 원칙으로 한다.

다만 관용적으로 쓰이는 '껌'(←gum), '빨치산'(←partizan〈러〉) 등은 된소리 표기를 인정한다. 타이어와 베트남어는 우리말처럼 예사소리, 된소리, 거센소리가 구분되므로 된소리를 허용한다.

제5항 이미 굳어진 외래어는 관용을 존중하되, 그 범위와 용례는 따로 정한다.

외래어 표기법의 목적은 언어생활의 편의를 제공하기 위한 것인데, 외래어 표기를 갑자기 바꾼다면 언어생활에 혼란이 오기 때문에 관용을 존중한다. 관용에 따른 표기의 대표적인 것으로 '비타민'(vitamin), '짬뽕'(←champon), '판타지'(fantasy) 등이 있다.

3. 틀리기 쉬운 우리말 표기

여기서는 글쓰기 상황에서 틀리기 쉽거나 혼동하기 쉬운 말을 중심으로 다루었다. 글을 쓸 때 어문 규정을 지키기 위해서는 우리말 자음 체계를 알아야 한다.

〈표 5-1〉 국어의 자음 체계

조음방법 \ 조음위치			양순음	치조음	경구개음	연구개음	후음
무성음	파열음	예사소리	ㅂ	ㄷ		ㄱ	
		된소리	ㅃ	ㄸ		ㄲ	
		거센소리	ㅍ	ㅌ		ㅋ	
	파찰음	예사소리			ㅈ		
		된소리			ㅉ		
		거센소리			ㅊ		
	마찰음	예사소리		ㅅ			ㅎ
		된소리		ㅆ			
유성음	비음		ㅁ	ㄴ		ㅇ	
	유음			ㄹ			

위 표에서 유성음은 모든 모음을 포함한다.

1) '-이', '-히'의 표기

'곰곰이', '곰곰히' 중 어느 것이 맞을까? '-이', '-히'의 표기는 예외도 많고, '-이', '-히'가 모두 결합하면서 뜻이 달라지는 경우도 있어 복잡하다. 여기서는 가장 기본적인 것만 소개한다.

일단 '-이', '-히'를 제외한 나머지 부분에 '-하다'가 결합하면 '-히'로 적고 결합하지 않으면 '-이'로 적는다. '곰곰'에 '-하다'가 결합하지 않으므로 '곰곰이'로 적는다. 다만 '-하다'가 결합하더라도 '-하다' 앞에 'ㅅ' 받침이 있으면 '-이'로 표기한다. 그러므로 '깨끗하다'는 되지만 '깨끗이'로 표기하는 것이다. '반듯이'도 같은 원리인데, '반드시'와는 다른 뜻이다.

2) 사이시옷과 관련된 표기

사이시옷은 사잇소리 현상이 나타났을 때 쓰는 'ㅅ'의 이름이다. 우리말과 한자어로 된 합성어 가운데 앞말이 모음으로 끝날 때 뒷말의 첫소리가 된소리로 나거나, 뒷말의 첫소리 'ㄴ', 'ㅁ' 앞에서 'ㄴ' 소리가 덧나거나, 뒷말의 첫소리 모음 앞에서 'ㄴㄴ' 소리가 덧나는 것 따위에 받치어 적는다.

사이시옷을 쓰는 경우는 복잡하다. 결론적으로 말하면 일일이 사전을 확인해야 한다. 여기서는 사이시옷을 표기하는 조건과 함께 사이시옷 표기와 유사한 '웃/윗', '수-/숫-', '새-/샛-/시-/싯-', '해-/햇-' 등의 표기에 대해서 알아보자.

(1) 사이시옷 표기

첫째, 두 말 가운데 하나 이상은 순우리말이어야 표기하는 것이 원칙이다. 그래서 모두 한자어인 '마굿간, 싯가(時價), 전셋방' 등은 '마구간', '시가', '전세방'으로 표기한다. 다만, '곳간, 셋방, 숫자, 찻간, 툇간, 횟수' 등은 한자어이지만 사이시옷을 표기한다. 또한 '피자집'처럼 외래어가 있을 때에는 적지 않는다.

둘째, 뒤에 오는 말이 된소리(ㄲ, ㄸ, ㅃ, ㅆ, ㅉ), 거센소리(ㅋ, ㅌ, ㅍ, ㅊ)가 있으면 표기하지 않는다. 그러므로 '위쪽', '위층', '뒤풀이' 등으로 표기한다.

셋째, 단어와 단어가 결합할 때에만 표기하므로 '햇님'이 아니라 '해님'으로 표기한다.

넷째, 위의 모든 조건을 만족하더라도 뒷말의 첫소리가 된소리로 나지 않거나, 'ㄴ' 소리가 덧나지 않거나 'ㄴㄴ' 소리가 덧나지 않으면 표기하지 않는다. 그래서 '노랫말', '혼잣말'로 적고, '머리말', '인사말', '반대말'로 적는다.

(2) '웃', '윗'

'위, 아래'의 개념상 대립이 성립하지 않는 경우는 '웃-'으로 쓰고, 그 외에는 '윗-'을 표준어로 삼았다. 예를 들어 개념상 '아랫돈'이 있을 수 없기 때문에 '웃돈'으로 적고, '윗목'은 이에 대립하는 '아랫목'이 가능하므로 '윗목'으로 적는다. 다만, 맨 겉에 입는 옷을 가리킬 때는 '웃옷', 위에 입는 옷을 가리킬 때에는 '윗옷'으로 적는다.

(3) '수-/숫-'

수컷을 이르는 접두사는 '수-'가 기본이다. 어색한 것 같지만 '수놈', '수벌', '수사슴', '수사자', '수소'(황소) 등으로 표기한다. 그런데 '양', '염소', '쥐'의 수컷은 '숫양', '숫염소', '숫쥐'의 형태로 표기한다. 또한 '수캉아지', '수캐', '수컷', '수키와', '수탉', '수탕나귀', '수톨쩌귀', '수퇘지', '수평아리'처럼 표기하는데, 이 동물들은 '암-'이 결합할 때에도 마찬가지이다.

(4) '새-/샛-/시-/싯-', '해-/햇-'

이 말은 사이시옷은 아니지만 사이시옷을 표기하는 환경과 유사하므로 여기서 다룬다. '새-/샛-/시-/싯-'은 모두 '매우 짙고 선명하게'라는 뜻을 나타낸다. '해-/햇-'은 '그해에 난', '얼마 되지 않은'의 뜻을 나타내는 말인데, 다음과 같이 환경에 따라 다르게 쓰인다.

〈표 5-2〉

	뒷말의 첫 자음	뒷말의 첫 모음	예
새-	된소리, 거센소리, ㅎ	ㅏ, ㅗ	새까맣다, 새하얗다
샛-	유성음	ㅏ, ㅗ	샛노랗다, 샛말갛다
시-	된소리, 거센소리, ㅎ	ㅓ, ㅜ	시꺼멓다, 시허옇다
싯-	유성음	ㅓ, ㅜ	싯누렇다, 싯멀겋다
해-	된소리, 거센소리		해쑥, 해콩
햇-	된소리, 거센소리 아닌 말		햇감자, 햇양파

3) 틀리기 쉬운 표기

여기서는 틀리기 쉬운 표기를 우리말, 한자어, 단어가 아닌 말, 용언의 활용형, 준말 등으로 나누어 살펴보았다.

(1) 우리말 단어

■ '개비'

군가 가사 중에 '한 가치 담배를 나누어 피우고'가 있다. 그런데 담배와 같이 "가늘게 쪼갠 나무토막이나 기름한 토막의 낱개"나 "수량을 나타내는 말 뒤에 쓰여 가늘고 짤막하게 쪼갠 토막을 세는 단위"를 세는 말은 '개비'이다.

■ '거치다', '걷히다'

'거치다'는 "무엇에 걸리거나 막히다.", "마음에 거리끼거나 꺼리다.", "어떤 과정이나 단계를 겪거나 밟다.", "검사하거나 살펴보다."라는 의미를 나타내는 말이다. 이에 비해 '걷히다'는 "구름이나 안개 따위가 흩어져 없어지다." 또는 "비가 그치고 맑게 개다."라는 뜻을 나타낸다.

■ '걷잡다', '겉잡다'

'걷잡다'는 "한 방향으로 치우쳐 흘러가는 형세 따위를 붙들어 잡다." 또는 "마음을 진정하거나 억제하다."라는 뜻을 나타내는 데 주로 '없다'와 함께 쓰이는 것이 특징이다. 이에 비해 '겉잡다'는 "겉으로만 보아 대강 한다."라는 뜻이다.

■ '그리고 나서', '그러고 나서'

ㄱ. 철수는 일을 마쳤다. *그리고 나서 약속 장소로 향했다.

ㄴ. 철수는 일을 마쳤다. 그러고 나서 약속 장소로 향했다.

(ㄱ)은 (ㄴ)처럼 '그러고 나서'로 표기해야 한다.

■ '그슬리다', '그을리다'

'그슬리다'는 "불에 겉만 약간 타게 하다."라는 뜻을 나타내고, '그을리다'는 "햇볕이나 불, 연기 따위를 오래 쬐어 검게 되다. 또는 검게 하다."의 뜻을 나타낸다. 따라서 여름에 햇볕에 피부를 태우는 것은 '그을리다'라는 말을 사용해야 한다.

■ '길들다', '깃들이다'

'깃들다'는 "어둠이 깃든 방 안"에서와 같이 "아늑하게 서려 들다." 또는 "노여움이 깃든 얼굴"처럼 "감정, 생각, 노력 따위가 어리거나 스미다."의 의미이다. 이에 비해

'깃들이다'는 "짐승이 보금자리를 만들어 그 속에 들어 살다." 또는 "사람이나 건물 따위가 어디에 살거나 그곳에 자리 잡다."라는 의미이다.

▪ '껍질', '껍데기'

'조개껍질 모아 그녀에 목에 걸고'로 시작하는 오래된 노래가 있다. 그런데 '껍데기'는 "달걀이나 조개 따위의 겉을 싸고 있는 단단한 물질" 또는 "알맹이를 빼내고 겉에 남은 물건", "화투에서, 끗수가 없는 패짝"이라는 의미이다. 이에 비해 '껍질'은 "물체의 겉을 싸고 있는 단단하지 않은 물질" 또는 "화투에서, 끗수가 없는 패짝"이다. 따라서 '조개껍데기 모아'가 되어야 한다.

▪ '내로라하다'

"어떤 분야를 대표할 만하다."라는 의미를 가진 단어는 '내로라하다'이다.

▪ '늘이다', '늘리다'

'늘이다'는 "본디보다 더 길게 하다." 또는 주로 '선'과 관련된 말을 목적어로 하여 "선 따위를 연장하여 계속 긋다.", "아래로 길게 처지게 하다.", "넓게 벌여 놓다."의 의미이다. 이에 비해 '늘리다'는 "크게 하거나 많게 하다.", "시간이나 기간을 길게 하다." 등의 의미로 쓰인다.

▪ '다르다', '틀리다'

'다르다'는 "비교가 되는 두 대상이 서로 같지 아니하다."의 뜻을 나타내는 형용사로 '같다'의 반대 개념을 나타내는 말이다. 이에 비해 '틀리다'는 "셈이나 사실 따위가 그르게 되거나 어긋나다."라는 의미로 '맞다'의 반대 개념이다. 따라서 '틀린 그림 찾기'가 아니라 '다른 그림 찾기'가 맞는 말이다.

■ '달리다', '딸리다'

"재물이나 기술, 힘 따위가 모자라다."라는 뜻을 나타내려고 한다면 '달리다'를 사용한다. '딸리다'는 "어떤 것에 매이거나 붙어 있다." 등의 뜻을 나타낸다.

■ '당기다', '댕기다', '땅기다'

'댕기다'는 "불이 옮아 붙다. 또는 그렇게 하다."의 의미이며, '땅기다'는 "몹시 단단하고 팽팽하게 되다."의 의미이다. 이런 뜻이 아닐 때에는 '당기다'를 사용한다.

■ '두껍다', '두텁다'

'두껍다'는 "두께가 보통의 정도보다 크다.", "층을 이루는 사물의 높이나 집단의 규모가 보통의 정도보다 크다.", "어둠이나 안개, 그늘 따위가 짙다."와 같은 뜻으로 쓰인다. 이에 비해 '두텁다'는 "신의, 믿음, 관계, 인정 따위가 굳고 깊다."라는 뜻이다.

■ '들르다', '들리다'

"지나는 길에 잠깐 들어가 머무르다."의 의미일 때에는 '들르다'를 써야 한다.

■ '들이키다', '들이켜다'

"물이나 술 따위의 액체를 단숨에 마구 마시다." 또는 "공기나 숨 따위를 몹시 세차게 들이마시다."는 뜻을 나타내는 말은 '들이켜다'이다. 이에 비해 '들이키다'는 "안쪽으로 가까이 옮기다."라는 의미이다.

■ '띠다', '띄다'

'띄다'는 많은 의미를 나타낸다. 따라서 이런 경우는 '띠다'의 의미만 확실히 이해하면 된다. '띠다'는 "띠나 끈 따위를 두르다.", "물건을 몸에 지니다.", "용무나, 직책,

사명 따위를 지니다.", "빛깔이나 색채 따위를 가지다.", "감정이나 기운 따위를 나타내다.", "어떤 성질을 가지다."라는 뜻을 나타내는 말이다.

▪ '맞추다', '맞히다'

'맞추다'는 여러 가지 뜻을 나타내는 다의어인데, 이 말은 기준이 되거나 비교할 대상이 있는 경우나 조립하다의 뜻을 나타낼 때 쓴다. 이에 비해 '맞히다'는 '맞다'의 사동사로 '적중하다'의 의미이다.

▪ '무르팍'

'무릎'을 속되게 이르는 말은 '무릎팍'이 아니라 '무르팍'이다.

▪ '벌리다', '벌이다'

'벌리다'는 '돈을 벌다'에서 '벌다'의 피동사 또는 "둘 사이를 넓히거나 멀게 하다.", "껍질 따위를 열어 젖혀서 속의 것을 드러내다.", "우므러진 것을 펴지거나 열리게 하다."라는 의미이다. 이에 비해 '벌이다'는 "일을 계획하여 시작하거나 펼쳐 놓다.", "놀이판이나 노름판 따위를 차려 놓다.", "여러 가지 물건을 늘어놓다.", "가게를 차리다.", "전쟁이나 말다툼 따위를 하다."라는 의미로 쓰인다.

▪ '벗어지다', '벗겨지다'

'벗어지다'는 "덮이거나 씌워진 물건이 흘러내리거나 떨어져 나가다.", "누명이나 죄 따위가 없어지다.", "머리카락이나 몸의 털 따위가 빠지다.", "피부나 거죽 따위가 깎이거나 일어나다.", "때나 기미 따위가 없어져 미끈하게 되다."의 의미이다. 이에 비해 '벗겨지다'는 "덮이거나 씌워진 물건이 외부의 힘에 의하여 떼어지거나 떨어지다." 또는 "사실이 밝혀져 죄나 누명 따위에서 벗어나다."의 의미이다. 즉, '벗겨지다'는 외부의 힘에 의해 작용이 일어나는 경우에 쓰인다.

■ '새다', '새우다'

'새다'는 "날이 밝아 오다."라는 뜻이며, '새우다'는 주로 '밤'을 목적어로 하여 "한숨도 자지 아니하고 밤을 지내다."라는 의미이다. 즉, '새다'는 자동사이지만 '새우다'는 타동사이므로 목적어를 필요로 한다.

■ '아는 체(척)하다', '알은체하다'

'알은체하다(알은척하다)'는 "어떤 일에 관심을 가지는 듯한 태도를 보이다." 또는 "사람을 보고 인사하는 표정을 짓다."라는 뜻을 나타내는 말로 반드시 붙여 써야 한다.

■ '어떡해', '어떻게'

〈나 어떡해〉라는 노래가 있다. 여기서 '어떡해'는 '어떻게 해'가 줄어든 말로 그 자체가 완결된 구이므로 서술어로 쓰인다. 이에 비해 '어떻게'는 '어떻다'의 부사형으로 뒤에 오는 용언을 수식한다.

■ '으스대다'

"어울리지 아니하게 우쭐거리며 뽐내다."라는 뜻을 나타내는 단어로 '으시대다'를 많이 쓰는데, '으스대다'가 표준어이다.

■ '으스스'

"차거나 싫은 것이 몸에 닿았을 때 크게 소름이 돋는 모양."이라는 뜻을 나타내는 단어는 '으시시'가 아니라 '으스스'이다.

■ '이따가', '있다가'

'이따가'는 '조금 지난 뒤에'라는 뜻을 나타내는 부사이다. 이에 비해 '있다가'는 무엇인가 있었는데 지금은 없다는 의미이다. 즉, "돈은 있다가 없다가 한다."처럼 쓰인다.

■ '잇따르다', '잇달다'

'잇따르다'는 "움직이는 물체가 다른 물체의 뒤를 이어 따르다.", "어떤 사건이나 행동 따위가 이어 발생하다."라는 뜻을 나타낸다. '잇따르다'는 '잇딴'으로 표기하면 안 되고, '잇따른'으로 표기해야 한다.

이에 비해 '잇달다'는 '잇따르다'와 같이 "움직이는 물체가 다른 물체의 뒤를 이어 따르다." 또는 "어떤 사건이나 행동 따위가 이어 발생하다."라는 뜻을 나타낸다. 그런데 '잇달다'에는 "일정한 모양이 있는 사물을 다른 사물에 이어서 달다."라는 뜻도 있다. 이 경우에는 '잇따르다'와 교체되지 않는다. 한편, '잇달다'는 '잇단'으로 표기한다.

■ '좇다', '쫓다'

'좇다'는 "목표, 이상, 행복 따위를 추구하다.", "남의 말이나 뜻을 따르다.", "규칙이나 관습 따위를 지켜서 그대로 하다.", "눈여겨보거나 눈길을 보내다.", "생각을 하나하나 더듬어 가다.", "남의 이론 따위를 따르다." 등의 의미를 나타낸다. 이에 비해 '쫓다'는 "어떤 대상을 잡거나 만나기 위하여 뒤를 급히 따르다.", "어떤 자리에서 떠나도록 몰다.", "밀려드는 졸음이나 잡념 따위를 물리치다."라는 뜻으로 쓰인다.

그런데 이 둘은 잘 구별이 되지 않는다. '좇아가다/쫓아가다'와 '좇아오다/쫓아오다'를 예로 들면 "아이가 친구를 좇아간다."인지 "아이가 친구를 쫓아간다."인지 분명하지 않은 경우가 많다. 구별 기준은 공간의 이동이 있을 경우는 '쫓다'로, 공간의 이동이 없을 때는 '좇다'를 쓴다.

■ '피우다', '피다'

〈바람 피기 좋은 날〉이라는 영화가 있다. "어떤 물질에 불을 붙여 연기를 빨아들이었다가 내보내다."라는 뜻을 나타내는 말은 '피우다'이다. 또한 일부 명사와 함께 쓰여 그 명사가 뜻하는 행동이나 태도를 나타낸다. 따라서 "바람을 피다"가 아니라 "바람을 피우다"가 되어야 한다.

■ '한가락 하다'

"어떤 방면에서 썩 훌륭한 재주나 솜씨"는 '한가락 하다'로 써야 한다.

(2) 한자어 단어

■ '갱신', '경신'

'갱신'은 "이미 있던 것을 고쳐 새롭게 함.", "법률관계의 존속 기간이 끝났을 때 그 기간을 연장하는 일"이라는 뜻이다. 이에 비해 '경신'은 "이미 있던 것을 고쳐 새롭게 함.", "기록경기 따위에서, 종전의 기록을 깨뜨림.", "어떤 분야의 종전 최고치나 최저치를 깨뜨림."이라는 뜻이다. 즉, 법적인 효력 관계를 새롭게 한다는 의미일 때는 '갱신'을 써야 한다.

■ '결재', '결제'

'결재(決裁)'는 "결정할 권한이 있는 상관이 부하가 제출한 안건을 검토하여 허가하거나 승인함"을 의미하는 명사이다. 이에 비해 '결제(決濟)'는 "일을 처리하여 끝을 냄" 또는 경제 분야에서 "증권 또는 대금을 주고받아 매매 당사자 사이의 거래 관계를 끝맺는 일"을 뜻하는 말이다.

■ '묘령(妙齡)'

일상생활에서 모르는 여자를 지칭할 때 '묘령'이라는 말을 자주 사용한다. 그런데

'묘령'은 "스물 살 안팎의 여자 나이"를 이르는 말이므로 여자의 나이를 고려해서 사용해야 한다.

▪ '유래(由來)', '유례(類例)'

'유래(由來)'는 "사물이나 일이 생겨남" 또는 "그 사물이나 일이 생겨난바"라는 뜻을 나타내며, '유례(類例)'는 "같거나 비슷한 예"라는 뜻이다.

▪ '일절(一切)', '일체(一切)'

'일절'은 아주, 전혀, 절대로의 뜻으로, 흔히 사물을 부인하거나 행위를 금지할 때에 쓰는 말이다. 그래서 '안주 일절'이라는 말은 틀렸다. 이에 비해 '일체(一切)'는 명사로 '모든 것' 또는 '일체로'의 꼴로 쓰여 '전부' 또는 '완전히'의 뜻을 나타낸다. 또한 '일체'가 부사로 쓰일 때는 '모든 것을 다'라는 뜻이다.

▪ '희한(稀罕)하다'

"매우 드물거나 신기하다."라는 의미를 나타내는 말은 '희안하다'가 아니라 '희한하다'이다.

▪ '회복(回復)', '극복(克復)'

'회복'은 "원래의 상태로 돌이키거나 원래의 상태를 되찾음."을 이르는 말이다. 그래서 '명예 회복', '국권 회복' 등과 같이 쓰인다. 그렇다면 '피로 회복'이라는 말은 잘못된 것이다. 이때는 "악조건이나 고생 따위를 이겨 냄."이라는 의미의 '극복'이 더 어울린다.

(3) 단어가 아닌 말

■ '–는지'

'–는지'는 어떤 불확실한 사실의 실현 가능성에 대하여 의문을 나타내는 경우, 막연한 의문을 나타낼 때 쓴다. "비가 올는지 모르겠다."처럼 표기해야 한다.

■ '–던', '–든'

'–던'은 어떤 일이 과거에 완료되지 않고 중단되었다는 미완(未完)의 의미를 나타내는데 비해 '–든'은 '–든지'의 준말로 나열된 동작이나 상태, 대상들 중에서 어느 것이든 선택될 수 있음을 뜻하는 말이다. 그리고 실제로 일어날 수 있는 여러 가지 중에서 어느 것이 일어나도 뒤 절의 내용이 성립하는 데 아무런 상관이 없음을 나타내는 연결 어미로도 쓰이는데, 이때는 '간에'나 '상관없이' 따위가 뒤따라서 뜻을 분명히 할 때가 있다.

■ '–대', '–데'

'–대'는 '–다고 해'가 줄어든 말로 직접 경험한 사실이 아니라 남이 말한 내용을 간접적으로 전달할 때 쓰고 '–데'는 화자가 직접 경험한 사실을 나중에 보고하듯이 말할 때 쓰이는 말로 '–더라'와 같은 의미이다.

■ '–데기'

'–데기'는 '그와 관련된 일을 하거나 그런 성질을 가진 사람'의 뜻을 더하는 접미사이다. '부엌데기', '새침데기', '소박데기' 등으로 쓰인다.

■ '–ㄹ/–을게'

'–ㄹ/–을게'는 어떤 행동에 대한 약속이나 의지를 나타내는 말이다. 그런데 이 말을 발음하면 "내가 [갈께]."처럼 된소리로 발음되는데, 이렇게 표기하면 안 된다.

"내가 갈게."로 표기해야 한다. 한편 병원 같은 곳에서 "들어가실게요."라는 표현을 많이 사용하는데, '-ㄹ/-을게'는 말하는 사람 약속이나 의지를 나타내는 말이다.

■ '-(으)려야', '-ㄹ래야'

'-려야'는 '-려고 하여야'가 줄어든 말로 "그 사람은 성격이 좋아 미워하려야 미워할 수 없다."처럼 사용한다. 이때 '미워할래야'처럼 사용하면 안 된다.

■ '-박이', '-배기', '-빼기'

'-박이', '-배기', '-빼기'의 뜻을 정리하며 다음과 같다.

〈표 5-3〉 **'-박이', '-배기', '-빼기'의 의미와 용례**

	의미	용례
-박이	무엇이 박혀 있는 사람이나 짐승 또는 물건 무엇이 박혀 있는 곳이라는 뜻을 더하거나 또는 한곳에 일정하게 고정되어 있다	점박이, 붙박이, 토박이 장승박이
-배기	그 나이를 먹은 아이 그것이 들어 있거나 차 있음 그런 물건	세 살배기 나이배기, 알배기 공짜배기, 진짜배기
-빼기	그런 특성이 있는 사람이나 물건 비하	곱빼기 코빼기

■ '-장이', '-쟁이'

'-장이'는 기술자의 뜻이 있는 경우 쓰는 접미사이며, '-쟁이'는 그것이 나타내는 속성을 많이 가진 사람을 뜻하는 접미사이다. 그런데 '-장이'와 '-쟁이'가 모두 결합할 수 있는 말들이 있다. '양복장이: 양복쟁이', '담장이: 담쟁이', '갓장이: 갓쟁이' 등이다. 즉, '양복장이'는 양복을 만드는 기술자라는 의미이며, '양복쟁이'는 양복을 입은 사람을 낮잡아 이르는 말이다. 한편, '글장이'와 '글쟁이'는 모두 가능할 것

같지만 글 쓰는 것을 직업으로 하는 사람을 낮잡아 이르는 말인 '글쟁이'만 가능하다.

■ '-째'

'-째'로 일부 명사 뒤에 붙어 '그대로', 또는 '전부'의 뜻을 더하는 접미사이다. 따라서 '그릇째', '뿌리째', '껍질째', '통째', '밭째' 등으로 쓰인다.

■ '-쩍다', '-적다'

'-쩍다'는 '그런 것을 느끼게 하는 데가 있음'의 뜻을 더하고 형용사를 만드는 접미사이다. '적다(少)'의 의미가 살아 있는 경우는 '맛적다(맛이 적어 싱겁다)'와 같이 적는다. 그런데 '멋쩍다', '객쩍다', '겸연쩍다', '별미쩍다' 등처럼 '적다(少)'의 의미가 유지되지 않는 경우는 '적다'로 표기하지 않는다.

■ '-(으)로서', '-(으)로써'

'-(으)로서'는 '~가 되어서', '~의 입장에서', '~의 자격으로', '~로 인정하고'의 의미를 나타내며, '-(으)로써'는 '~를 가지고', '~ 때문에'의 의미를 나타낸다. 이 말의 의미를 구분하기 어려운 경우가 있는데, 이때는 '서/써'를 생략하면 된다. "사람으로서 어찌 그런 일을 할 수 있나?", "사람으로 어찌 그런 일을 할 수 있나?"의 의미 차이는 없다.

(4) 용언의 활용형과 관련된 표기

여기서는 용언의 활용과 관련된 표기에 대해서 살펴보자. 용언은 '먹다, 먹고, 먹어'처럼 단어의 모양이 달라지는 동사나 형용사 등을 말한다. 이때 변하지 않는 '먹-'을 어간이라 하고 변하는 '-다, -고' 등을 어미라고 한다. 이 용언은 어간과 어미가 모두 있어야 쓰일 수 있다.

■ '개다'

"흐리거나 궂은 날씨가 맑아지다."라는 뜻을 나타내는 말은 '개다'이다. 그러므로 '맑게 개인 하늘'이 아니라 '맑게 갠 하늘'로 표기해야 한다.

■ '바라다'

'바라다'는 "어떤 일이나 상태가 이루어지거나 그렇게 되었으면 하고 생각하다." 라는 뜻이다. 그래서 '바램'이 아니라 '바람'으로 써야 하고, '그렇게 되기를 바래'가 아니라 '그러게 되기를 바라'로 써야 한다.

■ 삼가다

"몸가짐이나 언행을 조심하다."라는 뜻을 나타내는 말은 '삼가다'이다. "공공장소에서는 흡연을 삼가해야"가 아니라 '삼가야 한다.'

■ 설레다

아이스크림 이름 때문인지 몰라도 '설레임'으로 표기하는 경우가 있다. "마음이 가라앉지 아니하고 들떠서 두근거리다."는 뜻을 나타내는 말은 '설레다'이므로 '설렘'으로 표기한다.

■ 하얗다

'좋다'를 제외한 'ㅎ'으로 끝나는 형용사 어간 뒤에 '-네'가 결합하면 '하얗네', '하야네'처럼 어간의 끝 ㅎ이 탈락하기도 하고 탈락하지 않기도 한다.

■ 헤매다

"헤매이다 흘러간 시간"은 없다. '헤매다'가 기본형이므로 "헤매다 흘러간 시간"으로 써야 한다.

(5) 준말과 관련된 표기

■ 'ㅚ'로 끝나는 어간 뒤에 '-어, -었-'이 결합한 말의 표기

'되다' 뒤에 '어'로 시작하는 어미가 오면 '돼-'로 줄어들어 '돼(되- + -어)', '돼라(되- + -어라)', '됐다(되- + -었- + -다)'가 된다. 그러므로 "오늘 공부가 잘 되네.", "오늘 공부가 잘 돼."와 같이 쓴다. '뵈다'도 "어제 부모님을 뵀다(←뵈었다)."처럼 표기한다.

■ '-이어요/-이에요'

'-이에요'와 '-이어요'는 둘 다 쓸 수 있는데, 이 말을 줄여서 쓸 때 주의해야 한다.

〈표 5-4〉 '-이에요', '-이어요'가 줄어드는 경우

	-이어요	-이에요
받침 없는 말	지우개+-이어요=지우개여요	지우개+-이에요=지우개예요
받침 있는 말	연필+-이어요=연필이어요	연필+-이에요=연필이에요

즉 앞의 말에 받침이 있으면 줄어들지 않는다. 사람 이름이 받침 있을 때에는 '영숙이'처럼 '-이'가 결합하므로 받침이 없는 말과 같아져서 '영숙이예요, 영숙이여요'가 되고, 받침이 없는 사람 이름은 '영희여요, 영희예요'가 된다. 그런데 '아니다'는 '-에요', -어요'만 결합하여 '아니에요/아녜요', '아니어요/아녀요'가 되므로 '아니예요'로 쓰지 않는다.

■ 어간의 끝음절 '하'와 관련된 표기

'연구하도록'이 줄어들면 '연구토록'이 되지만 '넉넉하지 않다'가 줄어들면 '넉넉지 않다'가 된다. 이렇게 되는 이유는 '하' 앞에 오는 말 때문이다. 즉, '하' 앞에 오는

말이 유성음이면 '하'의 'ㅏ'만 줄어 거센소리로 표기하고, 무성음이 오면 '하' 전체가 줄어들어 예사소리로 표기한다. 그러므로 '생각하지 못한 일'은 '생각지 못한 일'로 표기한다. 다만 '서슴지 않고'로 표기하는데, 그 이유는 '서슴하다'라는 말이 없기 때문이다.

PART 2

학업글쓰기

Chapter 06

학술적 보고서 쓰기

1. 보고서도 형식이 있다

대학에서 작성하는 보고서는 학술적인 글로, 흔히 리포트(Report)라고 부른다. 학습자가 논의한 결과를 바탕으로 해당 주제에 대한 자료를 수집하고 정리하여 자신의 생각을 논리적으로 써 내려가는 글이다. 교수들은 학습자가 이해한 내용을 적용하여 학술적 주제에 대해 고민하고 논리적으로 표현하기를 요구한다. 학습자들도 자신이 배운 지식을 바탕으로 보고서를 작성하는 과정을 통해 학문적인 발전을 할 수 있으므로 교수와 학생 모두에게 유용한 글이라고 볼 수 있다.

글을 작성하는 학습자는 먼저 보고서 주제에 대한 학습을 충실히 하여 관련 지식을 잘 이해해야 한다. 관련 지식을 잘 이해하지 못한 상태에서 보고서를 쓴다면 자신의 언어로 글을 쓸 수 없으며, 좋은 글을 완성할 수 없다. 또한 주제를 통해 보고서의 요구도 확인해야 한다. 보고서에 주로 사용되는 서술 용어는 다음과 같다.

〈표 6-1〉 보고서에 사용되는 서술 용어

분석하라	어떤 개념, 주제 등을 특정한 관점이나 기준에 따라 세부적으로 나누어 살펴보아야 한다. 분석의 근거, 분석 요소를 빠짐없이 기술하고, 각각이 전체 그리고 다른 부분들과 어떻게 관련되어 있는지를 보여주어야 한다.
해석하라	사건, 기호, 대상, 표현의 뜻을 밝히거나 혹은 그것의 의미를 제시해야 한다.
평가하라	구체적인 이유, 근거, 기준 등을 제시하면서 다루는 대상의 가치나 수준 따위를 판단해야 한다.
설명하라	사건 혹은 대상의 내용을 이해하기 쉽도록 명료하게 드러내야 한다.
비교하라	둘 혹은 그 이상의 사물, 사건, 구조 등이 지닌 유사점을 설명해야 한다.
대조하라	둘 혹은 그 이상의 사물, 사건, 구조 등이 지닌 차이점을 설명해야 한다.
정의하라	명료하고 간결한 용어를 사용하여 어떤 사물이나 개념의 의미와 범위를 보여주어야 한다. 그리고 그것이 다른 것들과 어떻게 다른지를 제시하여야 한다.
논증하라	자신의 주장을 그를 뒷받침하는 근거와 함께 제시해야 한다.
논의하라	주제에 대한 본인의 관점과 다른 사람들의 관점을 밝히고, 그에 대한 구체적인 정보, 증거, 의견 등을 제시해야 한다.
기술하라	대상 혹은 내용의 특징을 그대로 열거하거나 기록해야 한다.
요약하라	글의 요점을 잡아 간결하게 진술해야 한다.
리뷰하라	해당 분야에 대한 기존의 성과들을 자신의 의견을 덧붙여 평가해야 한다.
고찰하라	해당 주제에 관하여 깊이 생각하고 연구한 결과를 제시해야 한다.

보고서는 일반적으로 표지, 글의 구성(서론, 본론, 결론) 내용, 참고 문헌 목록의 형식을 갖춘다. 표지에 필요한 요소는 '제목, 과목 및 교수 이름, 제출일, 제출자의 소속, 학번, 이름. 목차'이다. 서론에 필요한 요소는 '문제 제기(연구의 필요성과 목적), 논의의 대상과 범위, 선행 연구 검토'이다. 본론에 필요한 요소는 '내용에 부합하며 체제를 갖춘 장과 절의 구분, 적절한 단락 나누기'이다. 결론에는 '본론 내용의 요약, 본론 내용의 의의 및 한계, 앞으로의 계획 또는 전망'이다. 참고 문헌 목록에는 책의 경우, '저자 이름, 논문이나 저서의 제목, 출판사, 출판 년도'를 작성하고, 논문의 경우, '학술지 이름, 학술지 발행처, 수록된 페이지'를 작성하면 된다.

1) 서론 쓰기

연구 결과를 알리는 시작점으로 연구의 핵심 내용을 잘 안내할 수 있어야 한다.

(1) **연구 배경**: 연구의 토대가 되는 내용이 서술된다.
(2) **문제 제기**: 연구 배경에서 어떤 문제가 제기될 수 있는지와 연구 목적과 연결되도록 서술한다.
(3) **선행 연구 검토**: 어떤 기존 연구가 있는지가 제시된다. 이때 연도별 단순 제시보다는 주제별로 비교해서 한계점까지 서술하면 좋다.
(4) **연구 목적**: 연구를 하게 된 이유가 서술된다.
(5) **연구 방법**: 어떤 방법을 활용하여 연구하는지를 제시한다.
(6) **연구 대상**: 어떤 것을 연구로 삼을지를 서술한다.

2) 본론 쓰기

연구의 핵심 내용으로 동일한 논점이나 내용은 함께 묶어 제시한다. 이때 항목별로 내용을 전개하며 분량도 균형적으로 맞추면 좋다. 내용 전개 방식은 주장–사실 데이터–해석–근거–마무리 또는 사실 데이터–해석–주장–근거–마무리가 용이하다.

(1) **사실 데이터**: 연구의 토대가 되는 데이터이다.
(2) **해석**: 사실 데이터에 의미를 부여하는 것으로 해석의 정당성, 전체의 구성 성분과 전체와 구성 성분 간의 연관 관계도 파악해야 한다.
(3) **주장**: 데이터의 분석과 해석에서 꾸준히 나오는 서술로 주장의 타당성이 보장되어야 한다.

(4) 근거: 주장을 정당화하는 구실로 사실 근거와 의견 근거가 있다.

3) 결론 쓰기

논의를 끝맺는 것으로 본론의 요약, 주장의 마무리, 대안 제시, 새로운 연구 방향 제시로 구성된다.

(1) 본론의 요약: 본론의 내용을 개략적으로 요약한다.
(2) 주장의 마무리: 최종적으로 주장을 종합한다.
(3) 대안 제시: 새로운 접근법을 서술한다.
(4) 새로운 연구 방향 제시: 다른 방향에서도 연구가 필요함을 제시한다.

읽기 자료 **구성하기의 몇 가지 예**

(1) 질문–발전–해결

현상에 대한 견해를 제시하고자 할 때 주로 취하는 구성 방식이다. 글쓴이가 주목하고 있는 현상을 도입부에 제시하면서 질문을 던지고 이 문제에 대한 자신의 의견과 그렇게 생각하는 이유를 차례로 써 내려간다.

해결책이나 대안을 제시하면서 마무리하는 것도 좋다. 성찰적 에세이의 경우 도입 단계에서 자신의 경험을 적절히 녹여 내서 쓸 수 있고 칼럼의 경우 현안을 문제 삼아 자신의 생각을 펼칠 수 있다.

(2) 가설–방법론–분석–해석

비평문이나 작품론, 사회문화적 · 과학적 현상을 분석하고 나름의 해석을 시도하고자 할 때 쓸 수 있는 구성 방식이다. 대상을 바라보는 자신의 관점을 제시한 후에 그렇게 생각하게 된 배경을 밝히고 세부 요소에 대한 분석을 통해 종합적인 해석을 시도하는 구성이다. 대상에 대한 구체적인 이해를 목표로 하는 글이나 자신만의 독창적인 해석을 시도하는 글에 쓸 수 있다.

(3) 주장–근거–반례–확장–결론

논증을 통하여 글쓴이의 주장을 전개하고 근거를 제시하여 독자를 설득하기 위한 글을 쓸 때 필요한 구성 방식이다. '왜냐하면, 예를 들면, 물론, 그럼에도, 그러므로'와 같은 접속어를 활용하여 단락 중심의 논증문을 작성하기에 알맞고, 이를 논문 글쓰기에 적용하여 보다 긴 글을 구성하여 쓸 수도 있다.

(서울대학교 대학 글쓰기1 교재편찬위원회(2019), 대학 글쓰기1, 서울대학교출판문화원)

2. 보고서에서 수정하기는 필수이다

수정하기는 첨가하기, 삭제하기, 다듬기로 나눌 수 있다. 첨가하기는 내용상 논의 전개가 불충분하거나 미진한 부분, 구성상 비약이 있는 부분, 표현상 필요한 요소가 누락된 부분을 채워 넣는 과정이다. 삭제하기는 내용상 중복되는 부분이나 논의 전개에 방해가 되는 부분, 구성상 일관성을 해치거나 불필요한 부분, 표현상 반복되거나 불필요한 부분을 덜어내는 과정이다. 다듬기는 내용상 논의 전개가 매끄럽지 않거나 불명료한 부분, 구성상 단락의 재배치가 필요한 부분, 표현상 모호하거나 애매한 부분을 명료히 하는 과정이다.

〈표 6-2〉 수정하기의 요소

	첨가하기	삭제하기	다듬기
내용	논의 전개가 불충분하거나 미진한 부분	중복되거나 논의 전개에 방해가 되는 부분	논의 전개가 매끄럽지 않거나 불명료한 부분
구성	논의가 성기고 비약이 있는 부분	일관성을 해치거나 불필요한 부분	단락의 재배치가 필요한 부분
표현	필요한 표현이 누락된 부분	같은 표현이 반복되는 부분	표현이 모호하거나 애매한 부분

수정하기에서 1차 수정은 전체적으로 대주제를 중심으로 전체 연관을 고려하면서 고쳐 쓰는 과정이다. 2차 수정은 각 단락의 역할 및 단락 간 연결을 중심으로 고쳐 쓰는 과정이다. 3차 수정은 한 줄 한 줄 문장 간 흐름과 표현에 주의하여 읽는 과정이다.

〈표 6-3〉 수정하기 과정

1차 수정 (주제 및 글의 흐름)	• 주제가 분명한가? • 제목이 적합한가? • 주요 논증이 잘 드러나는가? • 주요 논증은 주제에 관한 핵심적인 내용에 관한 것인가? • 글 전체가 하나의 주제로 집약되는가? • 글의 흐름 중 주제에 어긋나는 부분은 없는가? • 글의 흐름 중 필요한 내용인데 생략된 부분은 없는가? • 글의 흐름 중 반복되는 부분은 없는가?
2차 수정 (단락 및 구성)	• 각 단락에 소주제가 있는가? • 각 단락에 소주제를 뒷받침하는 내용이 있는가? • 단락은 논리적으로 구성되었는가? • 단락 간 연결과 흐름은 자연스러운가? • 글 전체에 서론, 본론, 결론의 구획이 분명한가? • 서론에서 문제의식이 잘 드러나는가? • 서론에서 연구 목적과 필요성, 연구 방법이 잘 드러나는가? • 본론의 구성은 적합한가? • 본론에서 주제를 다루는 데 필요한 논의들(설명과 논증)이 담겨 있는가? • 본론의 내용들은 논리적으로 배치되었는가? • 결론은 반복되지 않는 방식으로 주제를 환기시키는가? • 결론에서 연구의 결과가 드러나는가? • 결론에서 연구의 의의를 부각시키고 있는가?
3차 수정	• 용어의 선택은 적절한가? • 진부한 표현이나 비속어 및 은어는 없는가? • 용어의 의미는 명료한가? • 대명사는 명확한 지칭 대상을 갖는가? • 주어와 술어는 호응하는가? • 문장에서 불필요한 부분은 없는가? • 문장의 의미는 잘 전달되는가? • 문장 간 연결은 자연스러운가? • 인용은 텍스트에서 꼭 필요한 부분을 가져왔는가?

참고하기 **인용 표기 방법**

저자를 가나다, ABC 순으로 정리한다.

(1) 논문

고혜원, 「첨삭을 활용한 글쓰기 수업 모형 연구」, 『교양학연구』 4집, 다빈치미래교양연구소, 2016, 24쪽.

고혜원(2016), 「첨삭을 활용한 글쓰기 수업 모형 연구」, 『교양학연구』 4집, 다빈치미래교양연구소, p. 24.

(2) 저서

박영목, 『작문교육론』, 도서출판 역락, 2008, 125-126쪽.

박영목(2008), 『작문교육론』, 도서출판 역락, pp. 125-126.

(3) 번역서

패터 바이스, 『아우슈비츠 강제수용소』, 황성근 옮김, 한국문화사, 2003, 87쪽.

(4) 신문기사

"법인세 정상화 왜 필요한가?", 〈한겨레 신문〉, 2019년 8월 16일, 제5면.

(5) 인터넷 글

"프리스턴대 교수가 말하는 글쓰기 노하우 BEST7", 〈문학동네〉, 2020년 5월 13일, https://m.post.naver.com/viewer/postView.nhn?volumeNo=28265987&memberNo=6495282&vType=VERTICAL, (2020.08.07).

(6) 사전

「다원적 국가론」, 『민중에센스 국어사전』, 민중서림, 2001.

(7) 해외 단행본

Vincent C. Kavaloski, *Interdisciplinary Education and Humanistic Aspiration*, New York, 1998, p. 224.

(8) 해외 논문

Joseph J. Kockelmans, "Why Interdisciplinarity?", in: Joseph J. Koskelmans(Editor), *Interdisciplinarity and Education*, 1979, Pennsylvania State University, p. 127.

연습하기 **다음은 학생이 작성한 보고서이다. 수정하기의 원리를 활용하여 검토해 보자.**

<table>
<tr><th>증가하는 성범죄, 어떻게 해야 하는가</th><th>수정하기</th></tr>
<tr><td>
최근 3년간 성범죄 증가에 대한 사회적 인식이 확대되었다. 국민을 상대로 한 조사에서 2020년의 경우 사회적 문제 Top 10에 성범죄 증가는 포함되지 않았는데, 2021년에는 7위, 그리고 2022년 올해의 경우 3위까지 달성하였다. 이러한 성범죄 증가를 해결하기 위해서는 성범죄 처벌 강화가 아닌 성범죄자 치료 프로그램을 확대해야 한다.

우선 성범죄의 정의는 심리적, 물리적, 법적인 방법으로 상대방에게 성과 관련해 위해를 가하는 행위와 상대방의 의사에 반하는 성적인 접근을 통틀어 이르는 말이다. 성범죄는 성폭력, 성추행, 성희롱 등으로 구성되어 있으며 성범죄의 대표 유형으로는 강간과 강제추행이 있다.

국민이 일반적으로 생각하는 이러한 성범죄가 일어나는 원인을 여성가족부에서 조사하였는데, 성폭력 가해자 처벌 미약이 47.3%로 가장 비중이 컸고, 성에 대한 잘못된 인식이 21.1%로 2번째로 비중이 컸다. 가장 비중이 컸던 성폭력 가해자 처벌 미약에 대해서 살펴보자.

미국과 한국의 성범죄자 처벌을 비교해 보면 미국의 경우 성범죄를 3급으로 세분화하였다. 폭행, 협박 등으로 피해자를 강간한 경우 1급으로 취급하고 최소 5년에서 최대 25년의 징역에 처한다. 정신적 장애 등을 이유로 성관계에 동의할 수 없는 피해자를 대상으로 한 강간의 경우 2급으로 취급하고 최소 1년에서 최대 7년의 징역에 처한다. 마지막으로 피해자가 성관계에 동의하지 않음에도 불구하고 간음한 경우 3급으로 취급하고 최대 4년

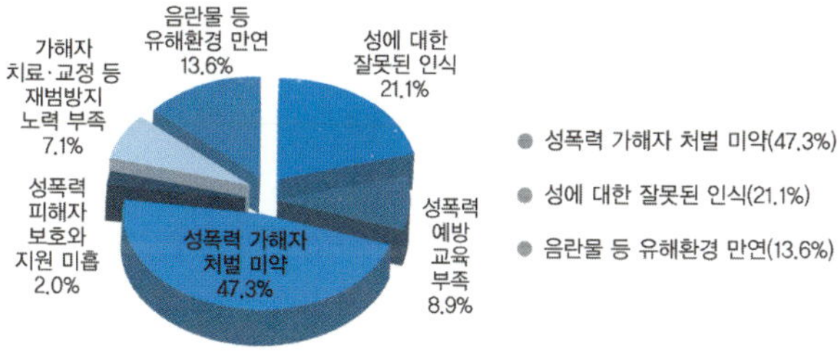

출처: 여성가족부

[그림 6-1] 성폭력 문제가 발생하는 원인
</td><td></td></tr>
</table>

의 징역에 처한다.

하지만 한국의 경우 세분화하지 않고 "폭행 또는 협박을 수단으로 하여 사람을 간음하면 3년 이상의 유기징역에 처한다(형법 297조)"라고만 규정하고 법관이 양형 판단 과정에서 가해자의 사정을 고려한다. 이는 심신미약 등으로 형량이 줄어드는 경우를 일컫는다.

미국과 한국은 실체적 경합범을 처리하는 방식이 다르다. 실체적 경합범은 동일인이 저지른 2개 이상의 범죄가 아직 재판을 받지 않아 판결이 확정되지 않은 상태에 있는 경우를 말한다. 한국의 경우 실체적 경합범에게 가중주의를 적용하고 미국의 경우 병과주의를 적용한다. 가중주의는 가장 큰 죄의 형에 1.5배를 하는 것이고 병과주의는 모든 죄의 형을 합치는 것이다. 대부분의 경우 병과주의가 가중주의보다 형량이 더 크게 나온다. 따라서 결론적으로 한국은 성범죄자 처벌이 미약하다는 것이다.

세계 주요 국가 성범죄율 비교 (2021) THE UKC

	국가	범죄율	발생건수	인구
1	South Africa	132.4	66,196	60,041,994
2	Botswana	92.9	1,865	2,397,241
5	Bermuda	67.3	43	62,090
6	Sweden	63.5	5,960	10,160,169
7	Suriname	45.2	223	591,800
8	Costa Rica	36.7	1,685	5,139,052
9	Nicaragua	31.6	1,829	6,702,385
12	Australia	28.6	6,378	25,788,215
13	Belgium	27.9	2,991	11,632,326
14	United States	27.3	84,767	332,915,073
15	Bolivia	26.1	2,587	11,832,940
16	New Zealand	25.8	1,129	4,860,643
20	Iceland	24.7	78	343,353
24	Norway	19.2	938	5,465,630
26	Israel	17.6	1,243	8,789,774
27	France	16.2	10,108	65,426,179
29	Finland	15.2	818	5,548,360
30	South Korea	13.5	6,321	51,305,186
32	Mexico	13.2	14,993	130,262,216
33	Mongolia	12.4	342	3,329,289
34	Luxembourg	11.9	57	634,814
38	Ireland	10.7	479	4,982,907

[그림 6-2] 세계 주요 국가 성범죄율 비교

그러나 가혹한 처벌이 성범죄율을 줄일 수 있을까? UNSW SYDNEY NEWS의 법률전문가인 David Brown에 따르면 더 가혹한 처벌이 성범죄율을 줄일 수 없다고 결론지었다. 그리고 전 세계 성범죄율을 살펴보면 처벌이 더 강한 미국이 한국보다 2배 더 높은 성범죄율을 띠고 있다.

따라서 나는 성범죄 증가를 방지하기 위해 성범죄 처벌 강화가 아닌 성범죄자 치료 프로그램을 강화해야 한다고 생각한다. 성범죄자의 경우 왜곡된 성 인식을 가지고 있기에 처벌 강화로는 효과를 기대하기 어렵다. 이러한 부분은 교정을 통해 왜곡된 인식을 개선하는 것이 급선무이며 법무부처럼 힘센 기관이 예산을 더 확보해서 가해자 교육에 나선다면 더 좋은 효과를 거둘 수 있을 것이다. 이러한 주장을 뒷받침하기 위해 실제 해외 사례를 살펴보니, 참여자의 재범률을 3.2%로 낮췄다고 평가받은 뉴질랜드의 뉴질랜드 키아 마라마 성폭력 범죄 가해자 치료 프로그램은 81회의 구성으로 되어 있다. 성범죄 재발률이 가장 낮은 캐나다는 한 번 교도소에 들어가면 나올 때까지 관리하는데, 자존감 형성 프로그램까지 운영한다. 따라서 우리도 성범죄 증가를 방지하기 위해서는 성범죄 치료 프로그램을 강화해야 한다.

(학생 글1 수정)

촉법소년 연령을 낮춰야 하는가?

최근 우리나라에서는 촉법소년 연령을 하향하는 것에 대해 뜨거운 논란이 일어나고 있다. 먼저 촉법소년이란 무엇인가? 촉법소년은 범행 당시 형사책임 연령인 만 14세가 되지 아니한 소년범으로, 대한민국 소년법에서는 "형벌 법령에 저촉되는 행위를 한 10세 이상 14세 미만인 소년을 말한다. 이에 의하면 만 14세 미만의 경우 범죄를 저질러도 일반 형사 처분의 대상이 되지 않는다는 것이다. 설령 살인, 강간과 같은 중범죄를 저지른다고 해도 최대 소년원 송치 정도가 처벌의 한계이며, 이마저도 전과 기록으로 남지 않게 된다.

이처럼 만 14세 미만의 소년범을 봐주는 이유는 바로 이 나이대 소년들은 형사적인 책임능력이 없다고 간주해왔기 때문이다. 하지만 나는 지금 현 사회에서의 만 14세 정도 나이대의 소년이면 중2 정도에 해당하는 학생들이 되는데, 나는 이들이 충분한 책임능력이 있다고 생각한다.

현재 촉법소년 나이를 하향해야 한다는 이슈가 논란이 되고 있는 이유는 촉법소년의 범죄가 갈수록 증가하고 있으며 본인들도 이를 알고 악용하는 사례도 발생하기 때문이다. 최근 촉법소년 범죄를 살펴봐도 본인들이 촉법소년임을 인지하여 큰 책임을 지지 않을 것을 알고 이를 악용해 범죄를 저지르는 경우가 있다. 이렇게 법을 악용하여 범죄를 저지를 줄도 아는 요즘 소년범들에게 형사적 책임의식이 부족하다고 생각하지 않는다.

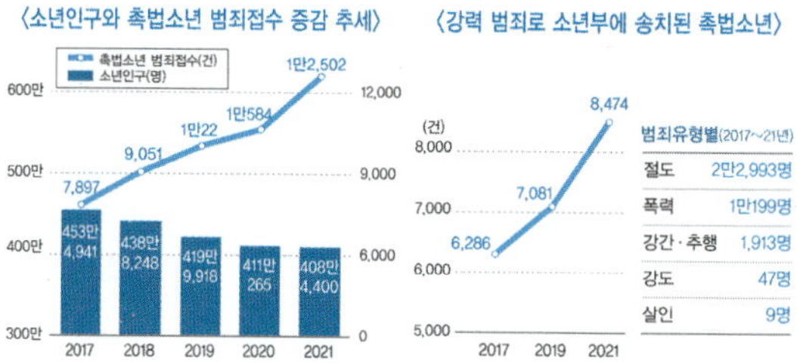

[그림 6-3] 촉법소년 현황

또 과거와 달리 사회가 발달하고 어린 나이부터 교육을 받는다. 인터넷과 같은 매체의 발달 등으로 인하여 학생들의 성숙 또한 더욱 빨라지고 있다. 20년 전 판결 자료에도 인간의 정신적, 육체적 성장 속도가 빨라지고 있으며, 범죄의 저연령화되고 있는 현실을 고려할 때 만 14세 정도의 책임연령은 이제는 현실적으로 높지 않다는 문장이 있다. 더욱이 지금은 말할 필요도 없다고 생각한다. 본인들 나이의 이점을 알고 이를 지능적으로 악용하는 사례도 계속 늘고 있다는 점도 이 주장에 더 힘을 실어주고 있다. 여기에 더해 계속 심각해지는 촉법소년 범죄로 인해 국민 대부분의 여론 또한 촉법소년 연령을 낮춰야 한다는 데 동의하고 있다. 최근 몇 년간 꾸준히 촉법소년 연령 하향에 관한 발의가 이루어지고 있는 점이 이를 보여준다.

이러한 점들을 종합적으로 고려했을 때 이제는 현 세태에 맞게 촉법소년 나이를 알맞게 낮출 필요가 있다고 생각한다.

(학생 글2 수정)

인공지능은 인간과 동일한 지위를 가지는가?

인공지능, 즉 AI(artificial intelligence)란 인간의 학습 능력, 추론 능력, 지각 능력 등 인간의 지적 능력을 컴퓨터 프로그램화한 현대 과학기술이다. AI라는 단어가 낯설게 들릴 수 있지만, 오늘날 인공지능의 비약적인 발전은 우리 삶 곳곳에 스며들어 크고 작은 변화들을 일으키고 있다. 단순한 반복 작업부터 정확함이 요구되는 연산 작업까지, 인간이 해왔던 많은 일을 인공지능이 대신하면서 현대 사회에 긍정적인 영향을 가져온 반면, 우리 삶을 위협하는 부정적인 영향도 나타나고 있어 논란이 제기되기 시작했다.

그 부정적인 영향과 관련하여, 최근 미국 콜로라도의 미술 대회에서 AI로 그린 창작물이 대상을 수상하여 화제가 되었다. 이 그림은 수상자가 화가로서

[그림 6-4] AI 챗봇

직접 그린 작품이 아니었음에도 대회에서 가장 우수한 상을 거두었다. 이에 따라 과연 화가가 아닌 제출자가 저작자로서 자격이 있는지에 대한 논란이 불거졌을 뿐만 아니라 AI의 그림을 인간이 그린 그림과 동일한 가치를 지닌 "창작물"로 인정해야 하는가에 대한 문제가 제기되었다. 이러한 논쟁들은 향후 인간의 존엄성과 주체성을 지키기 위해서도 신중히 논의되어야 할 문제이다. 최근 국내에서도 떠오르고 있는 AI 창작물의 저작권 논란, 과연 인공지능의 결과물은 인간의 행위와 그 결과물에 동일한 가치로서 평가될 수 있을까. 이에 대해 나는 인공지능은 인간과 동일한 지위를 가질 수 없다고 생각한다.

인공지능이 인간과 동일한 선상에 위치할 수 없다고 주장하는 근거는 다음과 같다. 첫째, 인공지능의 지위가 인간의 지위와 같다고 여길 경우 인간의 가치가 과소평가된다. 인간의 지적 능력은 인간을 다른 생물과 구별할 수 있는 중요한 특성이나 충분조건은 아니다. 즉, 인간은 이성 이외에도 감성, 자유 등을 가지며 다양한 상호작용이 가능한 복잡한 고등 생물이다. 그러나 인공지능은 인간의 어느 한 부분을 프로그램 설정한 기술 현상에 불과하다. 그러므로 이러한 인공지능을 인간과 동일하게 여기는 것은 인간의 가치를 폄하하고 그 지위를 하등한 것으로 만드는 일이다.

둘째, 윤리적인 문제가 발생할 수 있다. 앞선 사례와 같이 AI의 작품을 미술 대회에서 하나의 "창작물"로 인정할 경우, 인간은 같은 인간을 대상으로 경쟁하는 것이 아닌 인간을 벗어난 존재와 대립하고 경쟁해야 하는 비윤리적인 문제가 발생한다. 이제 인간은 현대 사회에서 인간뿐만 아니라 비인격적 존재와도 불필요한 경쟁을 해야만 하는 상황에 처할 것이다. 또한 이러한 경쟁

에서 인공지능 기술을 가지고 있는 자가 그렇지 못한 자보다 경쟁에서 유리하고 더 우월한 위치에 도달할 수 있는 불평등의 문제가 발생할 수 있다. 이러한 문제들은 모두 사회에 부정적인 영향을 초래할 수 있으므로, 윤리적 가치 논쟁으로 거듭나게 된다.

셋째, 인공지능은 자신의 가치를 정당화할 근거가 부족하다. 인간의 존엄성에 대해서는 자연법, 생명 경외 사상, 자유, 이성 등 인간의 도덕적 지위를 정당화할 근거들이 충분하다. 그러나 인공지능은 자신의 위치를 지킬 수 없는 위태로운 상황에 놓여있다. 인간이 만든 창작물이 인간과 동일한 존엄성을 지닌다는 근거는 그 어디에서도 쉽게 찾을 수 없다. 인공지능이 인간과 동일한 지위를 가지고, 인공지능의 창작물이 인간의 창작물과 동일하게 인정받기 위해서는, 인공지능 또한 인간의 존엄성만큼의 정당한 가치가 있어야 하기 때문이다. 이 점에서 인공지능은 결코 인간과 동일한 지위를 가질 수 없다.

인공지능은 분명 우리 삶에 많은 도움을 주는 소중한 도구이다. 그러나 인공지능의 기술이 발전하면서 그 기술 자체를 신성시하는 경향이 등장하고 있다. 하지만 나는 이 글에서 분명히 하는 것은, 인공지능은 인간의 창작물 중 하나로 결코 수단은 그것을 사용하는 주체를 뛰어넘을 수 없다는 것이다. 따라서 우리는 기술을 긍정적인 방향으로 사용할 수 있도록 노력하며 그 가치가 윤리 문제를 뛰어넘지 않도록 적절히 제재해야 할 것이다.

(학생 글3 수정)

연습하기 현재 우리 사회가 당면하고 있는 문제 중 하나의 주제를 선택하여 주장하는 글을 쓰시오.(1200자 내외)

참고하기 글쓰기 조언표

항목	번호	내용	조언
주제	①	주제의 범위가 적절한가?	
	②	제목은 주제를 드러내고 있는가?	
구성	③	서론, 본론, 결론의 구성이 조직적인가?	
	④	주제와 관련 있는 내용으로 구성되어 있는가?	
	⑤	내용 체계가 분명하고 구조화되어 있는가?	
	⑥	내용은 풍부한가?	
전개	⑦	내용의 왜곡이나 전개 과정에 비약이 없는가?	
	⑧	주장에 대한 근거를 제시하는가?	
단락 및 표현	⑨	규범(맞춤법, 띄어쓰기)에 맞게 쓰는가?	
	⑩	적절한 어휘를 사용하는가?	
	⑪	주어와 서술어의 호응이 자연스러운가?	
	⑫	소주제문에 대한 뒷받침 문장이 적절하게 갖추어져 있는가?	
	⑬	장르에 맞는 적절한 문체를 사용하는가?	
윤리	⑭	주장과 인용을 구분하는가?	
	⑮	참고 자료를 제시하는가?	
전체	⑯	구성이 체계적이며 주제를 뚜렷하게 드러내는가?	
	⑰	사고가 논리적이고 창의적인가?	

Chapter 07

협동 PBL 글쓰기

1. 협동 PBL 글쓰기의 의미

1) PBL의 기원

PBL(Problem-Based Learning)은 일반적으로 문제 기반 학습으로 번역하지만 문제인식 기반 학습이라는 표현이 더 적절할 수 있다. PBL 모델은 1980년대 캐나다의 McMaster 의과대에서 Barrows 교수가 처음 고안하여 실행한 후 본격적으로 소개되었다. 그는 전문적인 의료 지식을 갖추고 의료현장에 나간 의과대학 졸업자들이 1~2년 동안은 직면한 문제 앞에서 해결방안을 찾지 못해 당황하는 모습을 수년간 목격하고 의과대학의 교육방법을 혁신할 필요성을 느끼게 되었다. 그래서 의료 지식의 일방적 전달 방식에서 벗어나 의료 현장에서 만나는 문제를 해결하는 능력을 신장시키는 과정으로 교수방법을 설계하였고 이것이 PBL이다.

문제 상황을 어떻게 인식하느냐에 따라서 그 해결 방법이 달라질 수 있으므로 문제 상황을 정확히 인식하고 그 해결책을 모색하는 능력을 갖추는 것은 매우 중요하다. Barrows 교수의 지도 아래 PBL 과정으로 공부한 졸업자들은 기존의 교과과정으로 공부한 졸업자들보다 의료현장에서 대처하는 능력이 월등하게 뛰어났다.

이렇게 탄생한 PBL 과정은 전 교과 분야에서 실험적으로 받아들여지게 되었다. 이러한 경향은 패스트 팔로어(fast fellower) 전략으로 경제를 이끌어 나가던 시대는 지나갔고 퍼스트 무버(first moover)가 세계 경제를 이끌어 나가는 시대가 되었기 때문이다. 급변하는 사회에서 매일 새롭게 부딪히는 문제 상황을 정확히 인식하고 넘쳐나는 정보를 해독하고 분류하여 문제해결책을 모색하는 능력을 갖춘 인재가 필요하다. 이러한 문제해결력을 갖춘 인재양성의 필요성 때문에 PBL 과정이 주목을 받는 것이다.

2) 협동 PBL 글쓰기 과정

PBL 과정은 직접적인 지식이나 강의 대신에 교수자가 제시한 문제나 이슈들을 개별학습이나 협동학습을 통해서 학생들 스스로 해결안을 마련하는 과정에서 학습이 이루어지도록 하는 것이다. 그리하여 교수자는 동료학습자(co-learner)로 불릴 만큼 학습의 조력자, 촉진자의 역할만 한다.

단계	내용
초기 활동	• 소개하기 • 모둠 규칙 정하기
과제 확인 및 주제 탐색	• 교수자의 문제 제시 • 학습자의 내용 추론 (• IDEAS • 알고 있는 사실들 • 더 알아야할 문제들)
정보 탐색	• 자료 수집과 공유
정보 활용과 조직	• 자료의 취사선택 • 자료의 논리적 배열
과제 해결 도출	• 내용 생성 및 글쓰기
발표하기	• 학습자 발표 • 교수자의 내용 요약 및 평가

협동 PBL 글쓰기는 모둠을 만들어 모둠원들끼리 PBL 과정에 따라서 교수자가 제시한 과제를 완성해 나가는 과정이다. 효과적인 학습이 이루어지기 위해서는 학습자는 PBL 과정 내내 개별 성찰일지를 작성하며 수행하는 것이 필요하다.

(1) 초기 활동 단계

모둠을 구성하고 모둠원들에게 자기를 소개하고 모둠의 규칙을 정하는 과정이다. 이러한 초기활동은 모둠원끼리의 친밀감 형성과 개인의 특성을 파악하게 하여 역할분담을 정하거나 원활한 모둠활동에 중요한 역할을 한다. 모둠에서 협력 정도가 과제의 완성도를 높인다는 측면에서 필요한 활동이다.

(2) 과제 확인 및 주제 탐색 단계

PBL 과정의 첫 단계는 교수자가 구체적으로 과제를 제시하는 것에서 출발한다.

문제 제시 예 - 교수자 활동

2010년부터 2016년도에 올림픽에 나간 스포츠 선수들 가운데 고난도의 아름다운 몸동작으로 우리에게 즐거움을 주었던 김연아 선수와 손연재 선수를 기억하시나요? 김연아는 피겨 스케이팅 부문에서 손연재는 리듬 체조 부문에서 세계의 유명 선수들과 어깨를 나란히 하는 모습을 보여 주었지요. 두 선수의 공연모습을 떠올려 보고 어떤 공통점과 차이점이 있는 생각해 보세요. 이번 과제는 피겨 스케이팅과 리듬 체조의 공통점과 차이점을 비교하거나 대조하여 설명하는 글을 1000~1300자 길이로 쓰는 것입니다.

학생들은 제시된 과제 내용을 정확하게 이해하기 위해 모둠활동을 한다. 모둠에서 과제에 대한 생각이나 알고 있는 정보들을 나누고 목록화한 후에 글의 주제를 정한다. 이 단계에서 정한 주제는 가설과 같은 1차 주제로 정보탐색 모둠활동에서 수정할 수 있다.

글의 주제문에 따라 논리적인 글을 구성하기 위해 어떤 내용이 필요한지 의논하여 1차 개요를 작성하고 더 탐색해야 할 자료 목록을 만들고 자료 조사 담당자를 정한다.

모둠활동 Tip

- 과제 해결을 위한 브레인스토밍 단계라고 보고 자신이 알고 있는 정보의 정확성에 무게를 두기보다는 과제와 연관된 생각을 자유롭게 나눈다.
- 생각들을 나누면서 공통으로 인식한 문제를 중심으로 글의 주제를 정한다.

학습자의 내용 추론 예

<table>
<tr><td>모둠 이름</td><td>단오날</td><td>작성자</td><td>성춘향</td><td>작성일자</td><td>20**년 *월 *일</td></tr>
<tr><td>과제 내용</td><td colspan="5">피겨 스케이팅과 리듬 체조를 비교하거나 대조하여 설명하는 글쓰기</td></tr>
<tr><td colspan="3">내가 알고 있는 내용
공통점:
둘 다 아름답게 춤을 추면서 어려운 몸동작으로 점수를 받는 경기이다.

차이점:
1. 피겨는 얼음판 위에서 피겨 스케이트화를 신고 경기를 한다.
2. 리듬 체조는 매트 위에서 리본, 곤봉과 같은 것을 들고 경기한다.
3. 피겨 스케이팅이 더 예술적이라는 느낌을 받는다</td><td colspan="3">친구가 알고 있는 내용
공통점:
둘 다 올림픽 정식 경기 종목이다.
둘 다 음악의 반주에 맞추어서 경기를 하고 예술성을 보여야 한다.

차이점:
1. 리듬 체조는 훌라후프, 공, 리본 종목도 있다.
2. 피겨는 동계 체전 종목이고 리듬 체조는 하계 체전 종목이다.
3. 리듬 체조는 남자 종목이 없고 피겨는 남자 종목이 있다.</td></tr>
<tr><td>모둠에서 인식한 문제</td><td colspan="5">피겨 스케이팅이 리듬 체조보다 더 예술적 느낌을 주는 이유는 무엇일까?</td></tr>
<tr><td colspan="6">더 알아야 할 내용 (담당자)
1. 두 종목의 경기조건(경기장 크기 및 시간) 조사하기 (성춘향)
2. 두 종목의 점수 계산법 조사하기 (홍길동)
3. 두 종목의 기본 기술 조사하기 (이몽룡)
4. 비교와 대조의 뜻 구별하기 (연흥보)</td></tr>
</table>

1차 개요 작성 예

모둠 이름	단옷날	작성자	성춘향	작성일자	20**년 *월 *일

주제: 리듬 체조보다 피겨가 더 예술적인 종목이라는 느낌을 받는 이유를 설명한다.
개요:
서론 – 1. 두 종목의 공통점 제시
본론 – 2. 두 종목의 경기 조건
3. 두 종목의 기본 기술
4. 두 종목의 점수 계산법
결론 – 관람객들은 피겨 스케이팅이 리듬 체조보다 예술적 공연에 가깝다고 느낀다.

(3) 정보 탐색 단계

① 자료 수집

이 단계는 문제를 해결하기 위해 정보를 구체적으로 탐색하고 자료를 수집하는 과정으로 본격적인 자기주도적 학습이 이루어진다. 협동 PBL에서는 각자에게 주어진 과제에 관한 자료를 수집하고 정리한다.

작성 Tip

- 협동 PBL 글쓰기에서 자신이 맡은 부분의 자료를 수집할 때는 충분한 자료를 구한다. 자료의 중요도에 대한 판단이 모둠활동을 통해 달라질 수 있기 때문이다.
- 더 나아가 모둠활동에서 논의하지 않은 분야의 자료도 과제 해결에 필요하다고 판단되면 정리하여 모둠에서 논의할 수 있다.
- 조사한 자료로 논의를 진행하다 보면 과제에 대한 이해도가 깊어지면서 글의 주제나 개요를 수정할 수도 있다.

정보 탐색 예

모둠 이름	단오날	작성자	성춘향	작성일자	20**년 *월 *일
나의 과제	피겨 스케이팅과 리듬 체조의 경기 조건 조사 하기				

리듬 체조	피겨 스케이팅
◆ 경기장 규격: 가로 세로 12M 탄성이 없는 마루 ◆ 연기 시간: 단체경기 2분 30초, 개인경기: 각 종목 1분 30초 ◆ 연기 도구: 공–고무제 · 합성수지제 · 플라스틱제 등으로 만든 지름이 18~20㎝, 무게는 400g 이상 곤봉–지름이 최대 3㎝, 중량은 최소 150g, 길이는 40~50㎝ 줄–재질은 삼이며 길이는 각자의 신장에 맞춤 리본–폭 4~6㎝, 길이 6㎝, 무게 35g 후프–나무 또는 플라스틱 재질로 지름 80~90㎝, 무게는 300g 이상	◆ 경기장 규격: 가로 56~60M, 너비 25~30M 빙판 얼음 두께는 5cm, 유지온도 3~4℃ ◆ 연기 시간: 남자 싱글 쇼트 프로그램 2분 40초±10초 프리 프로그램 4분 30초±10초 여자 싱글 쇼트 프로그램 2분 40초±10초 프리 프로그램 4분 ±10초 ◆ 스케이트는 앞 부분의 톱니가 있고 스케이트 날의 양 끝 사이 너비가 일정해야 함 의상은 기품이 있어야 하고 남자는 바지만 허용.

② 자료 공유

자료 수집 활동이 개인활동이라면 자료 공유는 모둠활동이다. 모둠의 동료들이 찾은 지식과 정보를 공유하여 과제에 대한 이해를 높이는 단계이다.

자료 공유 예

모둠 이름	단오날	작성자	성춘향	작성일자	20**년 *월 *일
자료 내용	두 종목의 점수 계산법			조사자	홍길동

◆ 피겨 스케이팅

각 프로그램에서 점프, 스핀, 스텝을 평가하는 기술점수(TES)와 스케이팅 기술과 트랜지션, 연기, 안무 구성, 음악 해석력을 평가하는 구성 점수를 합산함. 만점의 개념은 없고 구성 점수의 경우 심사위원의 점수에서 최고와 최하 점수를 빼고 평균 낸 후 완성도에 따라 부여한 가중치를 곱함.

◆ 리듬 체조

20점 만점: 난도(D · Difficulty) 점수 10점, 실시(E · Execution) 점수 10점.

난도 점수는 점프, 균형, 회전 등 신체 동작과 수구 동작의 기술적인 부분을 평가, 정확한 구사 정도에 따라 점수가 매겨짐.

실시 점수는 음악과 안무의 조화, 독창성 등을 10점에서 시작해 선수가 수구를 부정확하게 잡거나 떨어뜨리는 실수를 하면 감점해가는 방식으로 채점.

원래는 30점 만점이었다. 하지만 2013년에 기술을 강조하고 심판 판정에서 주관성을 줄이는 방향으로 채점 규정이 바뀌면서 예술점수 10점이 실시 부문에 통합됨.

자료 내용	두 종목의 기본 기술	조사자	이몽룡

◆ 피겨 스케이팅

스텝: 점프와 스핀 사이를 연결해 주는 동작, 원을 그리거나 전진에서 후진으로 방향을 바꿀 때 사용되는 동작 등

스핀: 싯 스핀, 레이백 스핀, 비엘만 스핀, 원 스핀, 카멜 스핀, 도넛 스핀 등

점프: 루프, 살코, 악셀, 토루프, 플립, 러츠 등

◆ 리듬 체조

기본적 기술: 걷기, 탄성, 진동, 몸 옆으로 흔들기, 도약, 들어올리기, 몸 앞으로 굽히기, 몸 뒤로 젖히기, 몸 옆으로 숙이기, 회전 등

줄운동: 뛰뛰기, 돌리기, 흔들기, 감기, 던지기와 잡기 등

후프운동: 흔들기, 돌리기, 던지기와 받기, 뛰뛰기, 굴리기 등

공운동: 굴리기, 튕기기, 던지기와 받기, 돌리기, 바꿔잡기, 차기 등

곤봉운동: 흔들기, 돌리기, 던지고 받기, 굴리기, 시기 등

리본운동: 흔들기, 돌리기, 던지기와 받기, 모양 그리기 등

자료 내용	비교와 대조의 뜻	조사자	연흥보

◆ 공통점과 차이점이 있는 두 가지 대상을 견주어서 공통점을 부각하여 기술하면 비교이고 차이점을 부각하여 기술하면 대조이다.

자료 내용	리듬 체조와 피겨 스케이팅의 의미와 기원	조사자	연흥보

◆ 리듬 체조의 의미와 기원

19세기 달크로즈는 리듬 체조란 신체운동을 통하여 음악을 표현하는 것이라고 정의함

형식적이고 기교화된 체조경기에 도전하여, 리듬 체조는 자연스러운 동작과 리듬을 강조하는 자기표현에 기초를 둔 우아하고 섬세하며 아름다운 여성운동으로 출발하였다.

◆ 피겨 스케이팅의 의미와 기원

얼음판 위에서 일정한 형태의 도형을 따라 정확하게 스케이팅을 하는 실력을 겨루는 것에서 유래.

19세기 중반 발레 무용수 출신의 잭슨 하인즈(Haines)가 빙판 위에서 왈츠를 춘 것에서 오늘날의 피겨 스케이팅으로 발전함.

(4) 정보 활용과 조직 단계

PBL 과정의 네 번째 단계로 동료와 공유한 자료 내용을 바탕으로 논리적인 글을 쓰기 위해 조사한 자료를 취사 선택하여 2차 개요를 작성하거나 1차 개요를 확정한다.

모둠활동 Tip

- 각자 맡은 자료를 조사하여 나누면서 과제에 대한 이해가 깊어지면 주제나 개요를 수정할 필요성과 함께 논리적 조직을 위해 더 조사할 내용이 생길 수 있다. 이럴 경우 학습자의 내용 추론 성찰일지 2를 작성한다. 공유한 자료 내용은 알고 있는 내용란에 기술하고 조사할 내용은 더 알아야 할 내용란에 기술한다.
- 더 알아야 할 문제들은 담당자를 정하여 자료 조사한 후에 다시 모여 그 내용을 공유한 후에 2차 개요를 작성한다.
- 자신이 조사한 내용이 전체 글의 논리적 흐름에 벗어나면 다 채택되지 않음도 수용할 수 있어야 한다.
- 자신이 조사한 자료가 모둠에서 채택되지 않아도 다른 주제의 글로 구성하면 훌륭한 자료가 될 수도 있으므로 모둠활동과 별도로 자신만의 주제문과 개요를 새로 쓰고 개인 글로 완성하는 것도 훌륭한 글쓰기 연습이다.

수정된 개요 예 - 학생

모둠 이름	단오날	작성자	성춘향	작성일자	20**년 *월 *일

제목: 피겨 스케이팅과 리듬 체조 대조

주제: 음악과 함께 고난이도의 춤을 춘다는 공통점을 가진 리듬 체조와 피겨 스케이팅 종목에서 피겨 스케이팅이 더 예술적이라는 느낌을 주는 이유를 설명한다.

서론: 1. 피겨 스케이팅과 리듬 체조의 공통점
본론: 2. 피겨 스케이팅의 의미와 특징
3. 리듬 체조의 의미와 특징
4. 피겨 스케이팅과 리듬 체조의 채점 방식 대조
결론: 관람객들은 피겨 스케이팅이 리듬 체조보다 예술적 공연에 가깝다고 느낀다.

(5) 과제 해결 도출 단계

이제까지 활동 내용을 바탕으로 내용을 생성하는 단계이다.

작성 Tip

- 협동 PBL 글쓰기에서 작성된 개요에 따라서 모둠원들이 한 꼭지씩 작성하여 모둠활동을 통하여 탈고하는 과정을 가질 수 있다.
- 다른 방법은 같은 자료 같은 주제 같은 개요로 각자가 글을 완성한 후에 모둠활동에서 가장 좋은 글을 선정하여 발표할 수도 있다.

완성된 글 예 - 학생

모둠 이름	단오날	작성자	성춘향	작성일자	20**년 *월 *일

피겨 스케이팅과 리듬 체조 대조

피겨 스케이팅과 리듬 체조는 스포츠이면서도 아름다운 음악에 어울리는 고난도의 몸동작으로 구성되어 있다는 점에서 보면 같은 점이 있다. 두 종목 모두 발레를 추는 듯한 동작을 음악과 함께 보여 주어 예술 분야의 춤을 스포츠 분야로 가져 왔다고 사람들은 말한다. 여자 싱글부문을 중심으로 보면 리듬 체조는 마루 위에서 춤을 추고 피겨 스케이팅은 얼음 위에서 춤을 춘다는 차이만 있을 뿐인데 피겨 스케이팅이 더 예술성이 높다는 느낌을 준다.

피겨 스케이팅은 쇼트 프로그램 2분 30초, 프리 프로그램 4분 30초를 기준으로 점프, 스핀, 스텝 등의 동작을 스파이럴, 싯스핀, 백스핀, 악셀, 루프....등 매우 어려운 동작을 아름다운 음악과 함께 구성하여 수행함으로 관중들의 눈길을 사로 잡는다. 원래 피겨의 의미는 원을 그리다를 의미한다고 한다. 경기는 빙판 위에서 일정한 도형을 그리면서 타는 것이었으나 19세기에 한 발레리나 출신 선수가 빙판 위에서 왈츠를 추면서 오늘날의 피겨 스케이팅으로 발전하는 계기가 되었다고 한다.

리듬 체조는 공, 곤봉, 리본, 후프 등을 이용하여 마루 위에서 각각 1분 30초 동안 걷기와 도약 몸 앞 뒤로 굽히기와 회전 등을 기본동작으로 각 기구를 던진 후 일정 동작 후에 받기, 각 기구를 이용하여 특정 모양을 그려가며 아름답게 움직이는 동작을 음악과 함께 하는 운동이다. 19세기 초기 리듬 체조 창시자들은 음악을 몸으로 표현하는 것이라고 정의한 것을 보면 무용이라고 본 것에 가깝다.

둘 다 공통적으로 음악에 어울리게 고난도의 동작을 실수 없이 완성해야 높은 점수를 받아 최고 득점자가 우승한다는 점에서 같다. 그러나 피겨 스케이팅 점수에 합산되는 구성 점수와 리듬 체조에 합산하되 실시 점수에는 차이가 있다. 피겨 스케이팅에서 구성 점수는 스케이팅 기술과 트랜지션, 연기, 안무 구성, 음악 해석력을 평가하고 완성도에 따라 가삼점도 준다. 리듬 체조의 실시 점수는 음악과 안무의 조화, 독창성 등을 10점에서 시작해 선수가 수구를 부정확하게 잡거나 떨어뜨리는 실수를 하면 감점하는 방식으로 채점한다. 즉 피겨 스케이팅이 리듬 체조에 비해서 예술성을 평가하는 항목이 더 많고 예술적 완성도에 따라 가산점도 주지만 리듬 체조는 실수하면 감점하는 방식이다. 원래 리듬 체조에도 예술

점수가 있었으나 예술성 판단이 심사위원들의 주관적 판단이 더 작용하여 객관성이 부족하기 때문에 실행점수에 합산하였다고 한다.

결론적으로 예술성을 평가하는 점수 비중이 리듬 체조보다 피겨 스케이팅이 더 높다는 것을 알 수 있다. 고득점을 해야 승리할 수 있다는 스포츠의 특성상 피겨 스케이팅 선수들은 고난도의 기술을 실수 없이 수행하는 것과 아울러서 음악 해석력을 보여주는 안무 구성과 연기까지 예술적 완성도를 높이려고 더 노력을 기울이고 리듬 체조는 실수 없는 동작에 더 치중한다고 볼 수 있다. 결국 관중의 입장에서 두 경기를 보면 피겨 스케이팅은 빙판 위에서 발레를 공연하고 있다는 느낌을 받게 되고 리듬 체조는 마루 위에서 각각의 도구를 이용하여 음악과 함께 묘기를 하고 있다는 느낌을 받게 된다.

(6) 발표하기 단계

모둠에서 완성한 글을 전체 학생들 앞에서 발표하는 시간이다. PPT 등의 시각자료를 활용하는 것도 좋다. 다른 모둠의 발표 내용을 들으면서 과제에 대한 이해도를 높일 수 있다. 다른 모둠에서의 질문 내용이나 교수자의 요약 정리 및 평가를 통해서 문제해결 과정에서의 부족한 부분을 성찰하고 정리하는 시간을 가진다.

2. 협동 PBL 글쓰기 실제

다음의 제시된 문제를 보고 모둠원들과 함께 앞에 설명한 절차대로 개인성찰 일지를 써가면서 글쓰기를 해 보자.

연습하기

비대면 활동이 늘어나면서 휴대용 디지털 장비라고 불리는 스마트폰, 태블릿 PC, 넷북, 노트북 등의 사용이 늘고 있다. 이 중에서 태블릿 PC와 넷북의 공통점과 차이점을 알아보고 비교하거나 대조하여 설명하는 글을 1200자~1600자 길이로 써 보자.

학습자의 내용 추론

<table>
<tr><td>모둠 이름</td><td></td><td>작성자</td><td></td><td>작성일자</td><td>20 년 월 일</td></tr>
<tr><td>과제 내용</td><td colspan="5"></td></tr>
<tr><td colspan="3">내가 알고 있는 내용
공통점:

차이점:</td><td colspan="3">친구가 알고 있는 내용
공통점:

차이점:</td></tr>
<tr><td>모둠에서
인식한 문제</td><td colspan="5"></td></tr>
<tr><td colspan="6">더 알아야 할 내용 (담당자)</td></tr>
</table>

1차 개요

주제문:
서론:
본론:
결론:

정보 탐색

모둠 이름		작성자		작성일자	20 년 월 일
나의 과제					

자료 공유

모둠 이름		작성자		작성일자	20 년 월 일
자료 내용		조사자			
자료 내용		조사자			
자료 내용		조사자			
자료 내용		조사자			

2차 개요

모둠 이름		작성자		작성일자	20 년 월 일

제목:

주제:

서론: 1.
본론: 2.
3.
4.

결론:

글 완성하기

모둠 이름	단옷날	작성자		작성일자	20 년 월 일

연습하기

인구의 증가와 과학기술의 발달로 화석연료의 고갈을 걱정하는 시대가 왔다. 이에 대한 대안으로 신재생에너지 개발을 주장하거나 원자력 발전소 건립 확대를 주장하는 사람들이 갈등하고 있다. 이에 대하여 자신의 생각을 논증이나 추론 등의 방법을 이용하여 주장하는 글을 협동 PBL 글쓰기의 절차에 따라서 1500자~2000자 길이로 써 보자.

Chapter

08 프레젠테이션 글쓰기

1. 프레젠테이션이란?

프레젠테이션은 동료와 대화를 나누거나 가족과 이야기하는 것과는 다르다. 말하는 이와 듣는 이가 있다는 점은 같지만, 목적과 방법에 있어서 차이가 난다. 프레젠테이션은 정해진 시간 내에 상호 원하는 목표를 달성하기 위해 발표자가 이해관계자에게 사실 · 정보 · 의견 등을 전달하고 설득하는 과정이다.

2. 프레젠테이션의 목적

프레젠테이션에는 목적이 있다. 프레젠테이션이 끝난 뒤 듣는 사람은 뭔가 변화해야 한다. 잘 모르는 것을 알게 되었다든가, 어떤 결정을 했다든가, 내가 판매하는 것을 구매한다거나, 또는 발표자의 말대로 뭔가 행동이 바뀌어야 한다. 청중의 의사결정과 행동에 변화를 가져오는 것이 곧 프레젠테이션이다. 프레젠테이션의 목적을 세 가지로 나누어보면 정보공유(설명), 설득, 동기부여(재미)로 정리된다. 세 가지 중 무엇에 가장 큰 비중을 두고 있는가에 따라 발표의 흐름이 달라진다.

1) 정보공유(설명)

정보공유를 위한 프레젠테이션은 청중에게 가치 있는 지식이나 정보를 전달하기 위한 것이다. 다시 말해, 연구조사 결과나 전문지식, 정보를 전달함으로써 청중에게 무언가 도움이 되고자 하는 목적으로 실시되는 프레젠테이션을 말한다. 업무 회의나 각종 세미나, 다양한 지역 브랜드 사례 소개, 대학입시요강 설명 등이 대표적인 예이다. 정보공유를 위한 프레젠테이션에서는 "제공하는 지식과 정보가 청중에게 어떤 도움이 될까?"를 명확히 한다. 이때는 사실 그대로를 정확하고 객관적으로 전달하는 것이 핵심이다.

2) 설득

설득은 상대방의 가치관이나 신념, 태도, 행동을 자신이 의도하는 방향으로 변화시키거나 강화하는 행위를 말한다. 설득을 통해 상대방으로 하여금 자신이 원하는 의사결정과 행동을 하도록 하는 것이다. 프로젝트 수주를 위한 경쟁 프레젠테이션, 사업(투자) 설명회, 제품 설명회, IR 설명회, 제도 · 시스템 개선방안 등과 같이 사내외에서 행해지는 다양한 제안 프레젠테이션이 대표적인 예이다. 설득을 위한 프레젠테이션의 핵심은 누구에게, 왜, 어떻게 할 것인가에 대한 2W1H(2Why, 1How) 정보를 정확히 파악하는 것이다. 이때는 자신의 강점을 최대한 부각하는 것이 필요하다.

3) 동기부여(재미)

동기부여를 위한 프레젠테이션은 청중에게 활력과 영감을 불어넣어 주기 위해 행하는 것을 말한다. 이를 통해 청중에게 무언가를 꼭 해야겠다는 다짐을 유도하고, 실행의지와 즐거움을 촉진한다. 결혼식의 축사나 다양한 이벤트에서의 사회 등이 대표적인 예이다. 이때는 재미를 주고, 즐길 수 있는 부분에 초점을 맞춘다. 이와 함께 의미 있는 메시지를 전달한다.

3. 프레젠테이션 논리구조 만들기

프레젠테이션은 일반적으로 '서론-본론-결론'의 세 단계로 전개되며, 각 단계별 주요 내용은 다음과 같다.

〈표 8-1〉 프레젠테이션 실행 프로세스와 주요 내용

<table>
<tr><th></th><th>프로세스</th><th>주요 내용</th></tr>
<tr><td rowspan="2">서론</td><td>도입 멘트</td><td>• (주의집중) 자기소개, 인사말
• (동기부여) 주제와 내용 관련 질문으로 청중의 관심 유발</td></tr>
<tr><td>서론</td><td>• (개요) 본론 전개를 위한 질문
• 본론 내용 예고</td></tr>
<tr><td>본론</td><td>본론</td><td>• 결론 도출을 위한 주요 내용
• 세부내용 전개
• 근거자료 제시</td></tr>
<tr><td rowspan="2">결론</td><td>요점 재강조</td><td>• 핵심 내용 요약
• 재동기부여</td></tr>
<tr><td>질의, 응답</td><td>• 질의, 응답
• 긍정적 강화</td></tr>
</table>

1) 서론의 개발

서론은 프레젠테이션의 주제를 도입하며, 본론의 내용을 예고하는 기능을 수행한다. 서론은 주의집중, 동기유발 및 개요 제시의 세 가지 요소로 구성된다. 전체 프레젠테이션 시간의 5~10% 정도를 할애한다.

〈표 8-2〉 서론의 세 가지 요소

주의집중	발표자는 청중의 주의를 집중시킬 수 있는 참신한 인사말을 준비한다. 또한 자신의 권위와 전문성을 자연스럽게 표현할 수 있는 자기소개 자료도 준비한다. 이 단계에서는 권위효과와 호감효과를 활용하는 것이 도움이 된다
동기유발	동기유발을 위해 발표자는 청중에게 프레젠테이션을 적극적으로 듣는 것이 얼마나 중요하고, 또 필요한지를 설득하는 것이 중요하다. 따라서 발표자는 중요성과 필요성을 설득시킬 수 있는 사례나 예시, 일화, 경험담 등의 자료를 개발해야 한다. 이 단계에서는 선택적 인식 현상을 고려한다
프레젠테이션 개요 제시	핵심주제를 중심으로 프레젠테이션 개요를 제시하여 발표할 내용을 예고한다. 이를 위해 프레젠테이션의 진행순서와 주제별 시간안배 등에 대한 소개 자료를 준비한다

2) 본론 내용의 구조화

내용을 구조화할 때 제일 먼저 해야 할 일은 소주제들 사이의 체계를 결정하는 일이다. 소주제는 프레젠테이션에서 언급하고자 하는 중요한 포인트로서 프레젠테이션의 전체 체계를 이룬다.

따라서 이들 사이의 조직이 먼저 결정되어야 프레젠테이션의 기본 틀이 완성된다. 소주제의 조직이 끝나면 이들 각각에 대한 세부 내용들 사이의 체계를 결정한다. 세부 내용이란 소주제를 뒷받침하는 근거 자료나 구체적인 사례들을 가리킨다. 하나의 소주제는 여러 가지 세부 내용들을 갖게 되므로, 이들이 잘 조직되어야 핵심 포인트의 의미가 명확해진다. 프레젠테이션의 본론을 구성할 때 참고할 만한 PREST 프레임과 그 외 몇 가지 구조화 원리를 살펴보자.

(1) PREST 프레임

여기서 PREST는 Point(결론), Reason(근거), Example(예), Solution(방법)과 Summary(요약), 그리고 Thanks(감사, 다짐)의 첫 글자를 조합한 것으로, 모든 비즈니스 커뮤니케이션에서 포함되어야 할 기본사항들을 제시하고 있다.

프레젠테이션도 비즈니스 커뮤니케이션의 한 종류이므로, 프레젠테이션 내용을 구성할 때는 기본적으로 이 프레임을 기반으로 개발한다. 이 PREST 프레임을 그림으로 표현하면 다음과 같이 마름모형으로 표시된다.

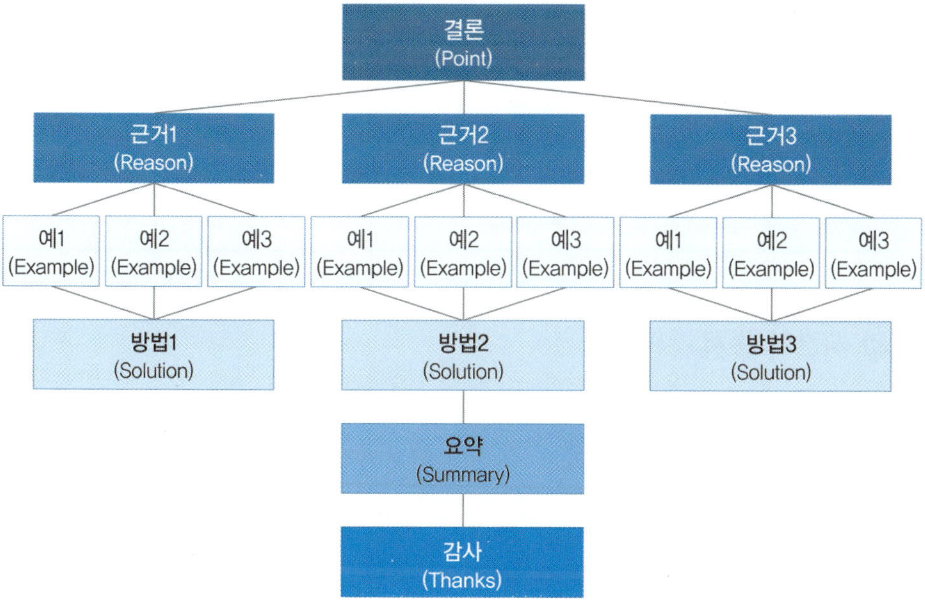

[그림 8-1] PREST 프레임

(2) '결근예방한다' 프레임

PREST 프레임을 한글 두음자를 이용하여 다시 정의하면 '결근예방한다' 프레임이 된다. 즉, "결론, 근거, 예, 방법, 한마디로 요약, 다짐과 감사"의 첫 글자를 조합한 프레임이다. 물론 커뮤니케이션의 주제와 내용, 그리고 자료의 정도에 따라 생략되거나 축소되는 사항이 있겠지만 기본적으로 이 구조를 머릿속에 두고 대화한다.

〈표 8-3〉 '결근예방한다' 프레임

결론(Point)	결론이나 주장을 명확히 제시한다.
근거(Reason)	결론과 주장에 대한 근거를 제기한다. 하나의 주장에는 가능한 3범주의 근거를 제기한다. (결론, 주장의 내용에 따라 달라지지만 근거의 범주는 5개 이내로 제한한다.)
예(Example)	각 범주별로 3개 정도의 구체적인 예를 제시한다. (역시 근거의 내용에 따라 달라지지만 근거로 드는 예는 5개 이내로 제한한다.)
방법(Solution)	문제해결을 위한 커뮤니케이션일 경우 각각의 원인(근거)을 해결할 수 있는 방법을 제시한다. (정보공유를 목적으로 한 대화에서는 이 단계를 생략할 수 있다.)
요약(Summary)	지금까지의 내용을 한마디(한 문장)로 요약하여 재강조한다.
감사(Thanks)	상대방의 경청에 대해 감사를 표시하고, 앞으로 열정을 다해 제시된 이슈들을 실행하겠다는 다짐을 한다.

(3) 시간적 순서

주요 내용들이 시간적 속성을 가지고 있을 때는 시간적 순서에 따른다. 즉, 프레젠테이션 내용이 역사적 전개과정, 대상의 발전과정, 사건의 진행과정 또는 일의 수행절차 등을 나타내는 경우에는 이들을 시간의 흐름에 따라 전후 관계로 배열하는 것이 효과적이다. 프로세스형 조직화라고 할 수 있다. 예를 들어, '안전사고 대책'에 대한 브리핑의 경우 "문제 규명, 안전사고 현황, 원인분석, 해결책, 그리고 사후관리"의 순으로 구조화한다.

(4) 공간적 순서

주요 내용들이 공간적 속성을 가지고 있을 때는 지리적 분포에 따라 정리한다. 가장 중요한 지역을 먼저 제시한 후 인접 지역으로 이동한다. 예를 들어, '전국 지점별 영업실적'에 대해 브리핑할 경우 가장 매출 규모가 큰 서울지역을 중심으로 경기지역, 부산경남지역, 대전충청지역, 광주호남지역 등의 순으로 구조화할 수 있다.

(5) 논리적 순서

프레젠테이션이 현상의 원인과 결과를 분석하고 진단하는 경우에는 연역적 순서(대전제, 소전제, 결론)에 따르거나 귀납적 순서(증거, 결과)에 따른다. 이는 청중의 프레젠테이션 테마에 대한 태도에 따라 달라진다. 일반적으로 호의적인 청중의 경우에는 연역적 접근(결론 선행형)이 효과적이다. 즉, 결론을 먼저 이야기하고, 이에 대한 원인이나 구체적 예를 나중에 제시하는 것이다. 청중들은 프레젠테이션에 대해 심리적 거부감이 없는 상태이므로, 청중에게 큰 문제만 아니라면 발표자의 결론이나 주장을 수용할 가능성이 높기 때문이다.

반면, 비호의적 청중의 경우에는 현상에 대한 원인이나 구체적인 예들을 열거한 후 "따라서 ○○입니다."라고 결론을 제시하는 귀납적 접근법(결론 후행형)이 효과적이다. 발표자가 처음부터 결론을 제시하면 반대 의사를 표시하거나 반발할 가능성이 크므로, 구체적인 원인이나 예를 들어 발표자의 주장에 대한 청중의 심리적 저항감을 누그러뜨린 다음 결론을 제시하는 것이 효과적이다.

(6) 비교적 순서

내용을 구조화할 때 가장 많이 사용하는 방법은 비교적 순서에 따르는 것이다. 이는 결론에 미치는 영향이 큰 순서대로, 즉 자료의 중요성에 따라 내용을 배열하는 것이다. 예를 들어, '하반기 경영성과'에 대한 보고를 할 때 경영자가 가장 관심 있어 하는 순으로 구조화할 수 있다. 즉 재무 성과(매출, 비용, 이윤), 생산성 성과(작업효율, 로스타임), 그리고 품질 성과(불량률, 제품반품률) 등의 순으로 구조화할 수 있다.

3) 결론의 개발

결론 단계에서는 본론에서 제시한 내용을 요약 · 정리하고, 프레젠테이션 내용과 관련된 질의 · 답변시간을 갖도록 한다. 또한 내용의 중요성과 현장적용 및 실행의 필요성에 대하여 재차 강조한다. 마지막으로 인상적인 인사말로 프레젠테이션을 마무리한다. 결론은 전체 시간의 10~15% 정도를 할애한다.

(1) 요약 및 재동기부여

프레젠테이션의 내용을 요약하여 핵심 아이디어를 재강조하고, 발표자가 궁극적으로 내세우고자 하는 주장을 제시할 필요가 있다. 이때는 부연설명은 피하고, 꼭 강조하고 싶은 아이디어들만을 언급하는 것으로 끝내야 한다.

(2) 결언

결언에서는 고사성어나 의미 있는 표현을 통해 지금까지 논의했던 내용들이 의미를 갖도록 하는 것이 좋다. 또는 청중에 대한 바람이나 결의를 표현하는 것도 좋다. 무엇보다 중요한 것은 긍정적이고 강화된 메시지로 끝을 맺는 것이다. 이를 통해 청중의 마음 속에 강렬한 여운이 남도록 한다. 그리고 의미 있는 인사말로 마무리한다. 특히 결론에서 중요한 것은 주어진 시간 안에 프레젠테이션을 끝내는 것이다.

읽기 자료 **결론 예시**

요약 및 재동기부여

(요약) 지금까지 '프레젠테이션 전문가 과정 개발' 프로젝트의 목적과 기대효과, 프로젝트 수행 결과물, 프로젝트의 추진단계 및 주요 활동 등에 대해 말씀드렸습니다.

(재강조) 이제, 본 프로젝트의 핵심 특징에 대해 간단히 요약하여 다시 한 번 말씀드리겠습니다.

… (중략) …

(질의, 응답) 자, 지금부터는 본 프로젝트와 관련된 질의 · 응답시간을 갖도록 하겠습니다. 제가 말씀드린 내용 중 의문이 남거나 기타 궁금하신 점이 있으면 자유롭게 말씀해 주시기 바랍니다. 또 건의사항도 환영합니다.

결언

(고사성어) 노자의 도덕경 제8장 이성(易性) '상선약수(上善若水)'편에 '수선리만물이부쟁(水善利萬物而不爭)'이라는 글귀가 있습니다. 이것은 잘 아시는 바와 같이 "이 세상에서 가장 좋은 것은 물과 같다. 물은 이 세상의 온갖 만물을 이롭게 하나 다투지 않는다"라는 뜻입니다. 여기서 "다투지 않는다."는 것은 "싸우지 않는다."는 뜻보다는 "갈등이나 문제를 합리적으로 현명하게 해결한다."는 뜻입니다.

(바람) 본 프로젝트 수행을 통해 제 인생에 많은 의미와 도움을 주어 온 하이테크그룹의 미래경쟁력 강화에 도움이 되고 싶습니다. (결의) 끝까지 여러분과 함께하고 싶습니다. 꼭 그렇게 하고 싶습니다. (긍정적 강화) 그리고 지금까지 그래왔던 것처럼 이번에도 본 프로젝트를 성공적으로 마칠 수 있을 것이라 확신합니다. 제가 못하면 대한민국 누구도 못합니다. 좋은 결과를 기대합니다. (마무리) 이제 마무리하도록 하겠습니다. 지금까지 경청해 주신 모든 임원분들께 다시 한 번 감사의 말씀을 드리며 여기 계신 모든 분들께서 앞으로 지금보다 더 행복하게, 더 건강하게 생활하시기를 기원합니다. 감사합니다

((박효정, 이재희, 이보람 지음(2023), 프레젠테이션 전략, 양성원)

연습하기 **아래 기사를 PREST 논리 프레임을 적용하여 구조화하고, 이 기사를 통해 기자가 주장하는 바를 한 줄로 표현해 보자.**

최근 3년 중 가장 강한 농도의 미세먼지가 한반도를 덮쳤던 올봄, 어린 자녀를 둔 엄마 · 아빠의 속은 타들어갔다. 어른들도 목이 아파 외출을 꺼리는 날, 아이들은 공원에 오종종 모여 '현장학습'을 했다. 운동장에 나가 공을 찼다. 어린이의 호흡량은 어른의 3배. 어른이 심각하다고 느낄 수준이면 아이에겐 '재난'에 가깝다.

정부는 거의 손을 놓고 있었다. 환경부는 초미세먼지 · 미세먼지주의보 때 교육현장에서 야외수업이 '자제'될 것이라고 했지만 수업 조정 판단은 어린이집 · 유치원 원장과 학교장 재량이다. 게다가 한국은 미세먼지 기준이 느슨해 '고농도'에 신음해도 주의보는 쉽게 발령되지 않는다. 원성이 높아지자 올 1월 환경부는 '건강취약계층 대책'을 내놨다. 정부는 각 지자체에 '주의보'보다 더 엄격한 '예비주의보'를 만들게 해 교육현장 관리를 강화하겠다고 했다. 그러나 지금 전국 지자체 가운데 예비주의보가 시행되는 곳은 없다.

환경부는 17일 교육부와 함께 한번 더 아이들을 위한 대책을 내놨다. 그런데 이번엔 서울시교육청과 엇박자다. 이날 정부는 '야외수업 자제' 기준을 기존 '예비주의보' 이상 단계에서 그 이전 단계인 '나쁨'으로 낮추겠다고 했다. 하지만 지난 10일 서울시교육청은 '보통'일 때도 야외수업을 자제시키겠다고 했다. 서울시교육청은 이날 "기준 조정을 검토해 다시 발표하겠다"고 했다. 애초 서로 충분히 논의했다면 생기지 않았을 혼란이다.

환경부가 다음달 8일까지 실시하겠다고 밝힌 미세먼지 담당자 대응교육도 이상하다. 전국 유치원 · 학교 담당자만 대상이다. 주의를 더 기울여야 할 어린이집이 빠졌다. 복지부는 "어린이집안전공제회에서 어린이집 교사들을 대상으로 미세먼지 내용을 포함한 안전교육을 하고 있어서."라고 했다. 하지만 의무적으로 받아야 하는 교육도, '미세먼지 담당자' 대상의 교육도 아니다. 대응교육조차 따로따로다.

지난 겨울과 이른 봄, 아이들이 최악의 미세먼지 속에서 '각자도생'한 후에야 내놓은 대책이다. 적어도 각 주체가 '딴소리' 내는 일은 없어야 하지 않을까. 아이들에게 조금이라도 미안한 마음이 있다면 말이다.

출처: 경향신문(http://news.khan.co.kr/kh_news/khan_art_view.html?artid=201704172159025&code=990105#csidx9086ba7239a78ef816251642c90c7e5)

4. 프레젠테이션의 핵심 콘셉트와 핵심 메시지

1) 핵심 콘셉트

핵심 콘셉트는 청중에게 전달할 메시지를 한마디로 요약한 철학적이며 추상적인 개념, 또는 특성으로서 청중 설득을 위한 핵심 포인트라 할 수 있다. '참이슬'과 '처음처럼'을 예로 들어 보자. 참이슬의 핵심 콘셉트는 깨끗함이다. '참眞이슬露'이라는 브랜드는 '이른 새벽 아침, 시리도록 푸르른 잎새에 아롱아롱 매달려 있는 진짜 이슬처럼 깨끗한 소주'라는 개념을 소비자 설득을 위한 핵심 포인트로 설정하였다. 또 '처음처럼'의 핵심 콘셉트는 '향수'가 아닐까 생각된다. 첫사랑, 첫월급, 첫직장, 첫경험 등 우리 모두가 가지는 이 '처음'에 대한 애틋함과 그 잊지 못할 아련함에 대한 '향수'이다.

또 다른 예를 들어 보자. 어느 해인가, 학교에서 강의를 마치고 나와 정류장에서 차를 기다리고 있는데, 무심코 정류장 전봇대에 붙어있는 광고 문구를 보게 되었다.

"나도 모르게 '엄마~'라고 불렀다. 하숙집 ○○○를 엄마라고 불렀다."

여러분은 ○○○에 무슨 말이 있을 거라고 생각하는가? 바로 '아줌마'이다. 나는 이 광고 문구가 잠재고객에게 소구할 핵심 콘셉트를 잘 표현하고 있다고 생각했다. 잠재고객인 학생들이 하숙집을 선택할 때 가장 원하는 서비스 또는 가치가 무엇일까? 아마도 고향집에 계신 어머님의 편안함과 안락함이 아닐까 생각한다. 바로 이 하숙집 광고의 핵심 콘셉트는 '아늑함'이라고 본다.

2) 핵심 메시지

좋은 프레젠테이션은 핵심 메시지가 기억나는 프레젠테이션이다. 핵심 메시지는 매우 간결하면서도 마음에 와서 콕 박히고, 잘 기억되는 것이어야 한다. 프레젠테이션에서 핵심 메시지가 잘 만들어지면 그것만으로도 청중의 관심도를 높일 수 있다.

핵심 메시지를 뽑아내는 법을 훈련하려면 전문가들이 만든 헤드라인과 광고 카피를 연구하고 따라 써보면서 감각을 키워야 한다. 자신이 자주 가는 포털사이트에서 매일 신문의 헤드라인을 모아 볼 수 있는 방법이 있으니 자신만의 훈련 방법을 찾아보자.

연습하기 **다음 글을 참고하여, 자신의 프로젝트 과제의 핵심 콘셉트와 메시지를 개발하고, 프로젝트의 핵심 콘셉트와 메시지를 담은 한 줄의 문장(헤드라인)을 만들어 보자.**

스티브 잡스는 거의 모든 제품에 대해 한 줄짜리 헤드라인을 만든다. 이 헤드라인은 프레젠테이션, 보도자료, 마케팅 도구를 준비하기 훨씬 전에 계획 단계에서 만들어진다. 대부분의 발표자들은 회사나 제품을 한 문장으로 설명하지 못한다. 계획 단계에서부터 미리 만들어놓은 헤드라인이 없으면 일관된 메시지를 전달하기가 거의 불가능하다. 프레젠테이션도 헤드라인에 해당하는 핵심 콘셉트와 메시지를 중심으로 전개되어야 한다. 다음은 잡스의 헤드라인 활용 사례이다.

헤드라인	출처
"맥북 에어는 무엇일까요? 한 문장으로 표현하자면 세상에서 가장 얇은 노트북입니다."	기조연설
"세상에서 가장 얇은 노트북"	프레젠테이션 슬라이드
"이것이 맥북 에어입니다. 세상에서 가장 얇은 노트북이지요."	CNBC 인터뷰
"우리는 세상에서 가장 얇은 노트북을 만들기로 결정했습니다."	CNBC 인터뷰
"맥북 에어: 세상에서 가장 얇은 노트북"	애플 홈페이지
"애플이 세상에서 가장 얇은 노트북, 맥북 에어를 출시하다."	보도자료
"우리가 세상에서 가장 얇은 노트북을 만들었습니다."	보도자료

5. 프레젠테이션의 내비게이션 '스토리보드' 만들기

스토리보드는 프레젠테이션 자료를 만들 때뿐만 아니라, 영화 · 만화 · 다양한 영상 콘텐츠 등을 만들 때 실제 제작에 들어가기 전에 제작 후의 모습을 상상하며 전체 흐름을 그림과 글로 표현하는 문서이다. 상대방에게 보여주는 화면을 먼저 손으로 드로잉하면서 구성해 보고, 그 화면을 만들 때 어떤 부분을 고려해야 하는지 화면 설명도 함께 넣는 것이다. 따라서 스토리보드는 프레젠테이션 자료의 내비게이션이라고 할 수 있다.

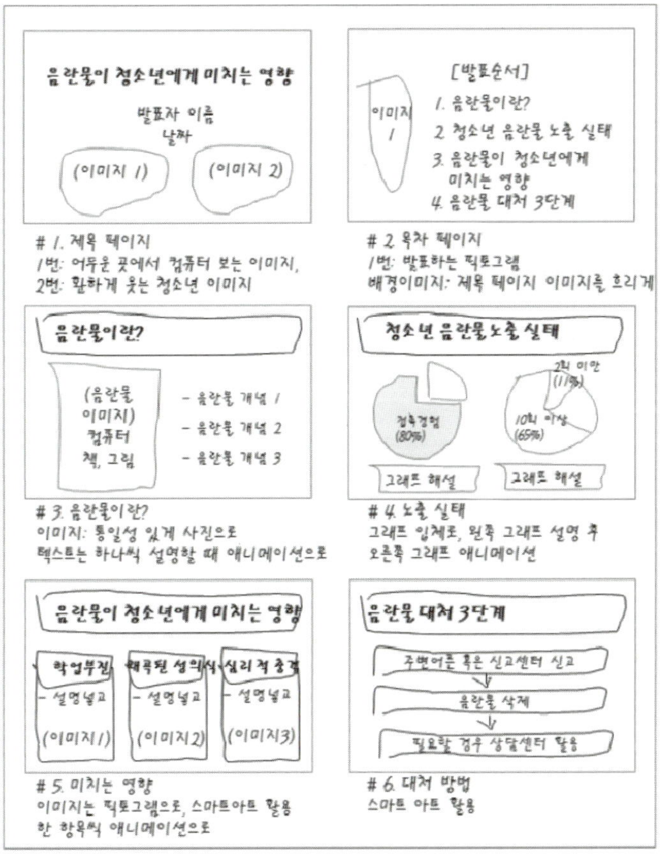

[그림 8-2] 스토리보드 예시

위 그림에서 보는 것처럼, 스토리보드를 종이에 펜으로는 작성하고 그것을 기반으로 파워포인트 자료를 만드는 작업이 이뤄진다. 세계적인 프레젠테이션 디자인 전문가인 낸시 두아르떼는 펜과 연필, 크레용 같은 것으로 아이디어를 그려내는 것이 본인의 작업의 기초이고, 또 이 작업을 통해서 많은 아이디어들을 걸러내고 정리할 수 있다고 했다.

스토리보드를 작성할 때는 A4 용지, 연필, 지우개, 색연필 정도만 있으면 충분히 원하는 발표 자료의 스케치를 할 수 있다. 이렇게 작성된 스토리보드를 친구들과 보면서 전체 흐름을 이야기로 표현해 보고, 어색한 부분은 다시 수정한다. 수정을 여러 차례 반복할수록 좋은 발표 자료를 만들 수 있다.

또한 스토리보드를 가지고 소리를 내어 전체 흐름을 이야기할 때에는 다음과 같은 접속사를 활용해서 슬라이드에서 슬라이드로의 연결이 물 흐르듯 자연스러운지 확인해 보자.

〈표 8-4〉 흐름 점검에 활용할 만한 접속사

분류	내용
결과	따라서, 결국, 그래서, ~ 때문에
원인	왜냐하면, 그러한 배경에는…
추가	그리고, 또한, 아울러, 더욱이, 뿐만 아니라…
강조	특히, 그중…
반대	그러나, 그렇지만, 반대로, ~에도 불구하고
예외	다만, 단지, 단…
요약, 정리	요약하면~, 결론적으로 말해서~, 이와 같이…
부연, 반복	즉, 다시 말해, 물론…

연습하기 **자신만의 스토리보드를 만들어 보자.**

6. 비주얼 자료 개발

1) 수치 데이터의 시각화

프레젠테이션에 활용되는 시각자료의 유형은 표, 그래프, 도형이다. 보통 수치로 된 정량적 데이터는 표나 그래프로 작성한다. 아래 표는 수치 데이터의 시각화 자료 유형을 정리해 놓은 것이다.

〈표 8-5〉 수치 데이터의 시각화 자료 유형

양식	분류	내용
표	숫자형 표	표는 그래프 작성의 기초 데이터이기도 하지만 경우에 따라 그 자체가 비주얼 도안으로 활용된다. 표를 만들 때는 다음 사항을 고려사항이 있다. • 횡축에는 가급적 시간적인 배열이나 순서를 넣는다. • 종축에는 항목이나 아이템 등을 넣는다. • 항목은 논리적인 순서에 따라 나열한다. • 중요한 행, 열, 셀에는 시각적 효과를 위해 색깔을 연하게 넣어 강조한다.
	정보형 표	표는 정성적인 내용 또한 쉽게 정리하여 보여줄 수 있다. 각 셀에 들어가는 표현은 압축하여 세련되게 표현한다. 수식어는 가능한 생략하고 개조식 문장(명사형 종지법)으로 간결하게 작성한다.
	체크형 표	셀 안에 숫자나 텍스트가 아닌 기호를 넣은 체크형 표를 통해 메시지를 전달할 수도 있다.
그래프	가로막대 그래프	가장 쓰임새가 많은 그래프이다. 가로막대 그래프는 항목 간의 크기(순위) 비교에 효과적이다. 이때는 큰 것부터 순서대로 배치한다. 상관 비교, 구성비 비교에도 적합하다.
	세로막대 그래프	가로막대 그래프 다음으로 쓰임새가 많다. 세로막대 그래프는 항목의 크기 비교와 시간추이 비교, 구성비 비교에 모두 적합하다.
	꺾은선 그래프	꺾은선 그래프는 시간 흐름에 따른 수치의 변화, 또는 추세를 표현할 때 효과적이다. 또한 반대되는 요소 간의 합성을 통해서 그 차이를 분명하게 표현할 수도 있다
	원 그래프	원 그래프는 구성요소별 비율을 나타낼 때 유용하다. 일반적으로 시장점유율, 지지율 등을 표현할 때 많이 쓴다. 단, 구성비 이외에는 활용도가 적다.
	점 그래프	점 그래프는 두 데이터 상호 관계성을 분석할 때 사용한다. 단, 점 그래프는 상관 비교 이외에서는 거의 활용하지 않는다.

참고자료 수치 데이터의 시각화 자료 예시

구분	20△△	20△△	20△△	20△△
A산업	87	93	102	113
B산업	23	39	57	83
C산업	63	52	34	12
계	173	184	193	208

숫자형 표

영역	주요 역량
사업기획	• 전문가 확보 • 산업교육 훈련 역량 • 이러닝 운영 역량
개발	• 기술분야 이러닝 개발 프로젝트 실적 • 방송 전문 역량 • 최고 수준의 시설과 인프라
확산 · 보급	• 산업현장교수 중심 훈련교수 보유 • 산업기관 단체 제휴 역량 • ICS 협력

정보형 표

구분	월	화	수	목	금
김경진	●		●		
박연희		●		●	
서미숙			●		●

체크형 표

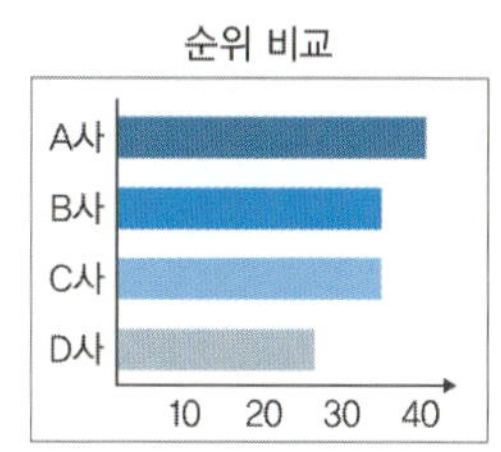

가로막대 그래프

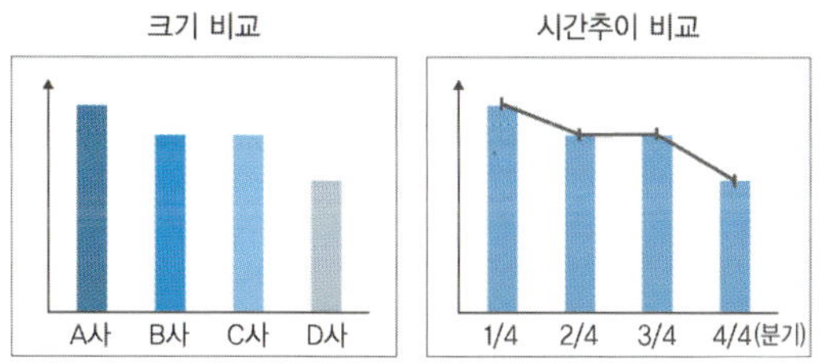

세로막대 그래프

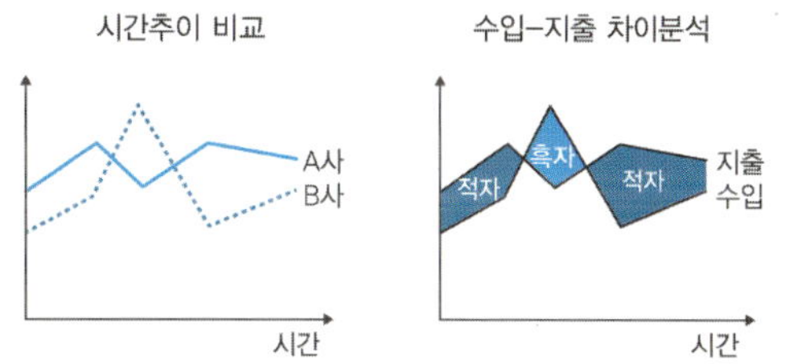

꺾은선 그래프

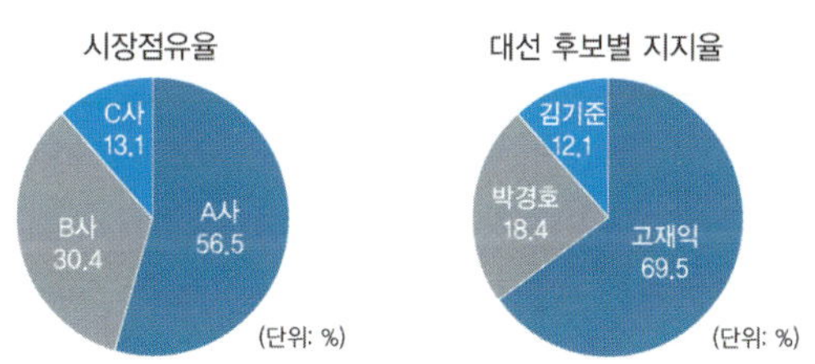

원 그래프

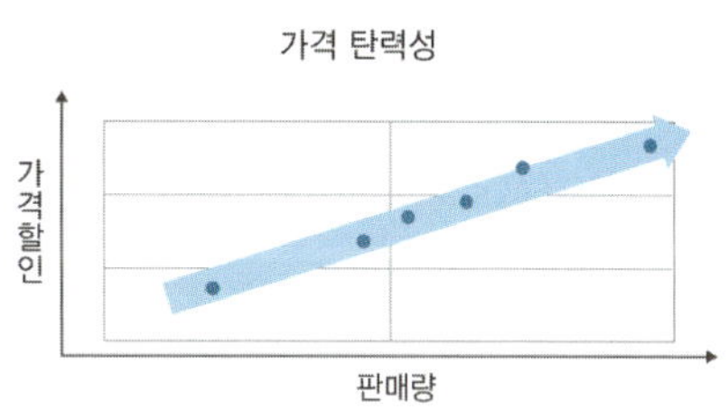

점 그래프

2) 정성 데이터의 시각화

(1) 서클형 구조

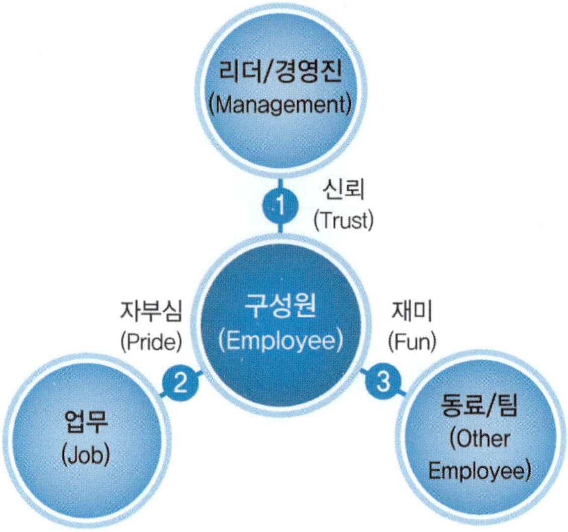

[그림 8-3] 서클형 구조

서클형 구조는 구성요소를 추출하여 원으로 그리고 선으로 관계를 나타내는 것이다. 인터넷에서 '다이어그램'이라는 키워드로 검색을 하면 기존에 만들어진 도형들을 다운로드 받아 사용할 수 있다.

(2) 트리형 구조

트리형은 가장 설득력이 높은 논리 구조이다. 제안서나 발표 자료를 작성하기 위해 조사한 수많은 자료와 이를 통해 도출된 많은 아이디어들은 단지 나열하는 것으로는 의미가 없다. 수집한 자료와 아이디어를 특성이나 관계에 따라 분류하고, 이를 위계에 따라 정리하는 것이 트리형 구조의 핵심이다.

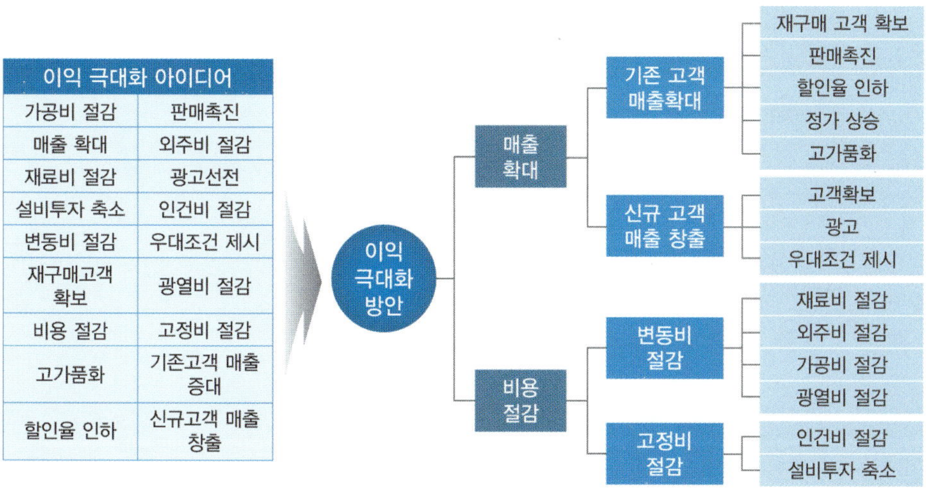

[그림 8-4] 트리형 구조

(3) 프로세스형 구조

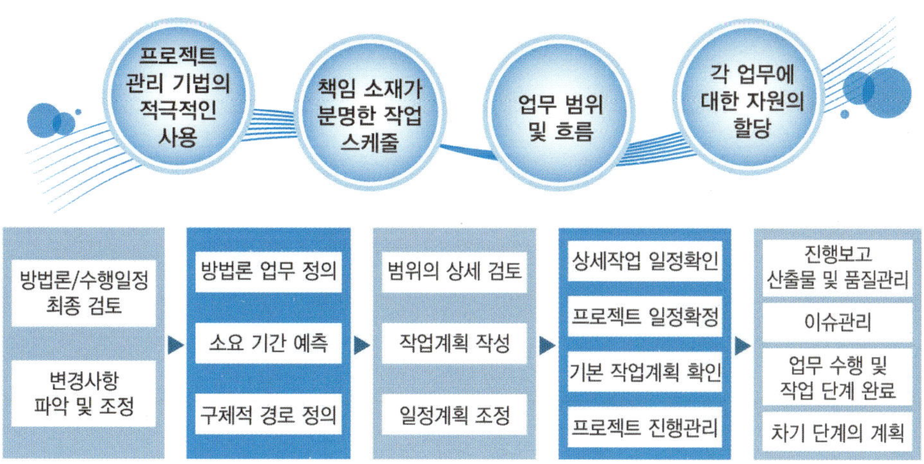

[그림 8-5] 프로세스형 구조

프로세스형은 시간 또는 업무상의 순서나 흐름을 잘 보여준다.

(4) 매트릭스형 구조

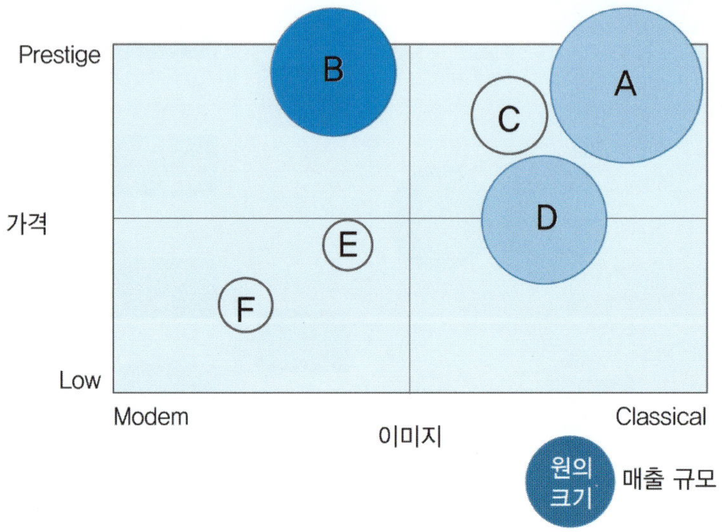

[그림 8-6] 매트릭스형 구조

특정한 두 요인을 기준으로 각 요소의 분포 상황, 위치, 이동성을 나타낼 때 사용한다. 평면상에 세 가지 이상의 중요 정보를 시각화할 수 있어 많이 활용하는 시각화 툴이다.

Chapter
09

서술형 답안지 작성하기

1. 서술형 시험 답안 내용의 핵심

서술형 시험에서 중요하게 기억해야 할 부분은 글짓기를 하는 것이 아니라는 것이다.

우리는 대학 입학 후 다양한 영역에서 글쓰기를 활용하게 된다. 그중 가장 빈번하게 활용하는 영역이 자신의 생각을 표현하는 서술형 시험 답안을 작성하는 게 아닐까 싶다. 그래서 이 챕터에서는 학점과 직접적으로 연결되는 글쓰기인 서술형 시험 답안 작성에 대해 알아볼 것이다.

대학 시험은 지식을 얼마나 정확하게 습득했는가가 아니라, 습득한 지식을 어떻게 사회에 활용할 것인지와 그것을 얼마나 논리적으로 풀어낼 수 있는지를 평가한다. 그 중 객관식과 단답형 문항의 시험은 학습자가 암기하고 습득한 지식을 즉각적으로 평가하는 데 적절한 시험의 형식이라면 서술형 시험은 전문적 지식의 이해 정도를 측정하는 것에 더해 이를 사회, 환경적으로 적용할 수 있는 사고력을 갖추고 있는지를 판단하기에 더 적절하다. 또한 자신의 생각을 효과적인 방법으로 표현할 수 있는지를 평가하기에도 적합한 시험 형식이다. 그러면 서술형 시험 답안 작성에 필요한 핵심내용부터 하나씩 살펴보도록 하자.

1) 서술형 시험 답안 작성 시 득점 요인

서술형 시험에서 좋은 점수를 받고 싶다면 기본적으로 질문과 관련된 충분하고 정확한 지식을 작성할 수 있어야 한다. 아무리 긴 글을 성실히 쓰더라도 학습한 내용에 대한 이해도가 떨어지거나 부정확한 정보를 작성한다면 당연히 좋은 점수를 받기 어렵다. 그리고 해당 지식에 대해 답안 작성자 스스로가 이해, 통합, 적용할 수 있는 능력을 갖추었음을 보여줄 수 있어야 한다. 적절한 사례를 사용하고 사회 혹은 직업 환경에서 적용해 표현하는 것은 자신이 해당 지식에 대해 완벽하게 이해했음을 알리는 확실한 방법이다. 마지막으로 자신의 지식과 생각을 간결하고 명확한 언어로 표현할 수 있다는 것을 보여주어야 한다.

2) 서술형 시험 답안 작성 시 감점 요인

서술형 시험 답안을 작성할 시 핵심 개념이 명확히 제시되지 않은 답변은 큰 감점요인이다. 여기에 더해 단편적 지식만을 나열한 답안과 많은 내용을 두서없이 장황하게 늘어놓은 답안 역시 좋은 성적을 받기 힘들다. 어법에 맞지 않는 문장이나 알아보기 어려운 글씨로 작성한 답안도 우리가 주의해야 할 요인들 중 하나다.

다음의 답안 작성 예시를 살펴보면서 서술형 답안 내용의 핵심을 다시 살펴보자.

답안 작성 예시

Q) 변혁적 리더십에 대해 설명하시오.

답안 1) 변혁적 리더십이란 조직구성원들에게 신뢰를 주는 카리스마는 물론 조직 변화의 필요성을 감지하고 변화를 이끌 새로운 비전을 제시할 수 있는 능력이 요구되는 리더십이다.

답안 2) 변혁적 리더십은 1978년 미국의 정치학자 제임스 맥그리거 번스가 처음 사용한 용어로 신뢰를 바탕으로 조직 변화의 필요성을 감지하면 언제든 새로운 비전을 제시할 수 있는 능력이 요구되는 리더십이다.

변혁적 리더십의 큰 특징은 4가지로 정리할 수 있다. 첫째, 변혁적 리더십은 구성원을 리더로 개발한다. 둘째, 변동 지향적이며 개방 체제적이라는 것이다. 변화 앞에 개방적이며 경우에 따라서 언제든 목표와 가치를 변경할 수 있다고 생각한다. 경제적 측면에서도 자유롭게 열려있는 개방경제의 성격을 갖고 있다. 셋째, 부하직원의 변화를 통해 동기를 부여하고자 한다. 이는 기존의 거래적 리더십과 가장 큰 차이점이다. 넷째, 경제적응적 구조, 단순구조나 임시조직에서 적극적으로 능력을 발휘할 수 있다.

이러한 변혁적 리더십은 조직합병을 주도하고, 신규부서를 만들어 내며, 조직문화를 새로 창출해 내는 등 조직에서 변화를 주도하고 관리하는 등 오늘날의 급변하는 환경과 조직의 실정에 적합한 리더십 유형이라 할 수 있다.

두 가지 답안 중 더 나은 답안은 무엇이라고 생각하는가? 서술형 시험에서 중요하게 생각해야 할 부분을 떠올려보면 '답안 1'과 '답안 2' 중 어떤 답안이 더 나은지 알 수 있을 것이다. '답안 1'의 경우 질문에 대한 부정확한 답변을 했다고 볼 수는 없으나 수업 중 학습한 '변혁적 리더십'에 대해서 단편적인 정의만을 한 것으로 충분히 해당 주제에 대한 지식을 가지고 있다고 표현하지 못했다. 흔히 신입생이 많이 하는 실수 중 하나로 짧은 정의만을 기술하는 형태의 답변이다. 이와 비교해 '답안 2'의 경우 주제와 관련해 수업 중 학습하게 된 전문 용어나 특정 인물들을 작성해서 해당 주제에 대한 지식을 충분히 쌓았고 표현할 수 있음을 드러냈다. 여기서 조심해야 할 부분은 많이 쓴다고 해서 모두 좋은 성적을 받는 것은 아니라는 것이다. 질문에서 요구하는 핵심 개념과 관련성이 높은 내용 토대로 작성하는 것이 중요하다는 것을 잊지 말아야 한다.

2. 서술형 답안 작성 요령

1) 질문 파악하기

답안을 작성하기 전 질문을 분석하는 시간이 필요하다. 질문 내 핵심 개념이 무엇인지 먼저 찾고 이후 핵심 개념을 어떤 식으로 기술해야 하는지 중요 지시어를 찾아야 할 것이다. 그리고 핵심 개념과 중요 지시어에 밑줄을 그어 답안 작성에 도움이 되도록 하는 것이 좋다. 이는 아래 서술형 질문의 구성을 통해 다시 살펴보겠다.

[서술형 질문 = 핵심 주제어 + 지시어]

- 핵심 주제어: 답안 작성 시 반드시 다루어야 할 핵심 지식
- 지시어: 답안 작성 방법

예시

- 글쓰기의 3요소가 무엇인지 **정의하고**, 일상생활에서 글쓰기의 바른 활용에 대해 **설명하라**.
- 인용과 주석의 개념을 **설명하고**, 윤리적 글쓰기에 대해 **논하라**.
- 최근 한국 사회에서 성별에 따른 혐오가 작동하는 방식에 대해 **비교 분석하시오**.
- 키오스크의 문제점을 **밝히고** 해결하기 위한 방안 한 가지를 **제시하시오**.

서술형 질문은 핵심 주제어와 지시어로 구성되어 있다. 핵심 주제어는 답안 작성을 위한 핵심 키워드 혹은 핵심 지식이라고 볼 수 있다. 이 주제어에 대한 지식을 답안에 작성하는 것이 서술형 시험의 전부라고 봐도 무방하다. 지시어는 핵심 주제어를 어떤 방식으로 작성해야 하는지를 보여준다.

항상 답안을 작성하기 전에 항상 질문을 읽으며 핵심 주제어와 지시어를 구분해서 밑줄을 그으며 어떤 키워드가 답변에 들어가야 할지 생각해 보며 어떤 식으로 답안을 작성하면 좋을지를 먼저 고려하는 것이 좋다.

연습하기

핵심 주제어와 지시어를 밑줄 그어 구분해 보자.

- 영아교사의 역할에 대해 설명하고, 교사-유아의 상호작용 시 교사의 상호작용 전략에 대해 구체적인 예를 들어 설명하시오.
- 대외무역법에서 원산지 제도에 대해 자세히 설명하시오.
- 인간의 발달에 있어서 유전과 환경의 영향에 대해 설명하고 본인의 입장에 대해 서술하시오.
- 운영체제란 무엇인지 정의하고 본인이 사용하고 있는 운영체제의 장담점을 기술하시오.

2) 첫 문장 쉽게 작성하는 법

첫 문장을 어떻게 시작하면 좋을지에 대해 많은 학생들이 궁금해한다. 어떤 글이라도 항상 시작이 어렵다. 서술형 시험 답안 작성에서도 역시 많은 학생들이 첫 문장 작성에 어려움을 느낀다. 이럴 땐 첫 문장에 문제를 그대로 작성하는 것으로 시작해 보자.

예시

Q. 호스피스 대상자를 위한 간호중재방안에 대하여 설명하라.
A. 호스피스 대상자를 위한 간호중재방안이란~

Q. 사회복지실천에서 본인의 개인적 가치와 사회복지의 가치와 윤리, 사회복지기관의 가치, 한국사회의 가치가 갈등을 일으킬 때 어떻게 해결해야 하는지에 대해 논의하시오.
A. 사회복지실천에서 4가지 가치가 갈등을 일으킬 경우 먼저 살펴볼 점은 ~

Q. 아동교육의 중요성에 대해 논의하시오.
A. 아동교육이 중요한 이유는 5가지로 정리할 수 있다. 첫째~

첫 문장 작성이 어려운가? 그럼 문제에서 답을 찾자. 문제를 그대로 첫 문장으로 옮겨오면 첫 문장 작성도 쉽고 추후 작성할 글들의 가이드라인이 되어 길을 잃지 않고 답안을 작성하기에 용이할 것이다.

연습하기

다음의 문제를 읽고 첫 문장을 작성해 보자.

Q. 행동주의 치료기법을 설명하고, 실제 임상현장에 어떻게 적용될 수 있을지에 대해 논의해 보시오.
A.

Q. 문화와 교육이 상생적 관계를 가질 수 있는 방안에 대해서 설명해 보시오.
A.

Q. 건강 증진을 위한 보건의사소통의 중요성을 설명하고, 자신의 생각을 제시하세요.
A.

Q. 현대사회에서 평생교육의 필요성이 강조되는 이유를 설명하시오.
A.

3) 전문 용어 및 학술 용어 정확하게 사용하기

수업 시간을 통해 학습하게 된 전문 용어와 학술 용어를 정확하게 사용하는 것은 서술형 답안 작성 시 중요하게 여겨야 할 요인들 중 하나다. 문제에서 요구하는 핵심 지식에 대해 충분히 이해하고 있으며 이를 실제 현장에서 적용할 능력이 있음을 보여줄 수 있기 때문이다.

연습하기

수업을 통해 알게 된 전문 용어를 모두 작성해 보자.

4) 적절한 연결어 사용하기

흔히 글쓰기에서 많이 사용하는 '그러나', '하지만'과 같은 접속사들은 적절하게 사용한다면 글을 쓰는 과정에서 글의 흐름을 좀 더 명확하게 보여주는 역할을 한다. 일반적으로 접속사는 글 속의 대조나 예시, 연속이나 결론을 강조하기 위해서 사용한다. 용도에 따른 접속사의 종류는 다음과 같다.

- 연속 접속사
  : 게다가, 뿐만 아니라, 동시에, 또한, 그러한 측면에서, 의심할 여지없이 등
- 예시 접속사
  : 첫째, 둘째 셋째, 예를 들면, 일례로, 사실상, 좋은 예로 등
- 대조 접속사
  : 그러나, 그럼에도, 한편, 반면에, 반대로, 그렇지만 등
- 결론 접속사
  : 마지막으로, 그러므로, 따라서, 그리하여, 결과적으로, 끝으로, 요컨대 등

접속사를 사용하는 것은 쉽게 논리적인 글을 쓰는데 효과적인 방법이다. 소설을 작성하거나 자신의 감상적 생각을 가득 담은 에세이를 작성하는데 있어서는 접속사 사용이 방해 요인으로 작용할 수 있으나 서술형 답안 작성에서는 다르다. 다음의 접속사 사용 구조에 따라 글을 작성해 보자.

1. 문제에서 제시하는 핵심 주제어를 정리한다.
2. 결론을 작성한다.
3. 결론에 도달한 이유가 여러 가지가 있다고 제시한다.
4. 다양한 접속사를 사용해서 이야기를 연결시킨다.
   ('첫째, 둘째, 셋째'는 가급적이면 사용할 것)

예시

Q. 다문화가족지원법이 필요한 이유를 설명하라.

A. 다문화가족지원법은 반드시 시행해야 할 제도이다. 이유는 3가지가 있다.

첫째, ______________________________

둘째, ______________________________

셋째, ______________________________

예를 들면, ____________________ 반면에, ____________

그러므로, ______________________________

연습하기

예시와 같이 적절한 접속어를 사용하여 다음의 문항에 답해 보자.

Q. 전 세계가 K-컬처에 열광하는 이유에 대해 서술하시오.
A.

문장의 논리와 흐름을 고려해 적절한 접속사를 사용해서 답안을 작성하면 연습을 해 보자. 쓰는 사람 입장에서도 정돈된 글쓰기에 효과적일 것이고 완성된 답안을 읽는 사람 입장에서도 글의 요지를 이해하기 쉬운 글이 될 것이다.

5) 충분한 예시를 통한 답안의 요지 보충하기

자신이 쓴 글에 예시를 들 수 있다는 것은 그 내용에 대해서 잘 알고 있다는 표현이기도 하다. 수업 시간에 들었던 예화나 교재에 제시된 구체적인 예를 덧붙여 답안의 근거를 제시하자. 근거가 없는 주장은 이유 없이 거부당하기 쉽다. “면접 볼 때 올 블랙 의상은 별로야.”라고 이야기한 뒤에 이유를 제시해 주지 않는다면, 그 말을 듣고 있던 사람도 별 이유 없이 “그건 아닐걸.”이라고 부정하기 쉽다. 내 말이 쉽게 부정 당하지 않기 위해서는 ‘예를 들면’이라는 좋은 기술을 사용하는 것이다. 나의 답안이 설득력이 있어지려면 예시, 즉 근거가 반드시 필요하다는 것을 잊지 말자.

연습하기

근거가 될 만한 예시(사례)를 사용해 다음의 문항에 대한 답을 서술해 보자.

Q. 한글의 우수성에 대해서 설명하시오.

A.

3. 서술형 시험 질문 유형별 답안 작성 방법

서술형 시험의 유형은 지시어에 따라 분류할 수 있다. 시험 질문에 자주 등장하는 지시어에 따라서 유형을 정리해 보도록 하자.

1) 기본 유형(정의 또는 서술하기)

'~에 대해 설명하라'로 대표할 수 있는 문항으로 특정 개념을 제대로 이해하고 있는지 질문하는 문항이다. 수업 중 배운 기본적인 지식들과 교수자가 강조한 개념들에 대해 정확히 알고 있는지를 평가하는 항목이므로 개념을 정확하게 정의하는 것이 중요하다. 주로 이때의 개념어 정의는 강의 시간에 통용된 내용을 중심으로 정리할 수 있어야 한다.

기본 유형 문항의 지시어 형태	• ~에 대해 정의하라. • ~란 무엇인가? • ~이 무엇인지 설명하라. • ~의 의미는 무엇인가?(~를 어떻게 해석할 수 있는가?) • ~에 관해 설명하라. • ~의 기본 원리를 서술하라. • ~의 주요 내용은 무엇인가?
기본 유형 예시	• 평생교육의 개념을 설명하시오. • 상담의 기본원리에 대해 서술하시오. • 자원 봉사란 무엇을 의미하는지 개념적 특성 중심으로 설명하시오. • 인상현상이란 무엇이며 그 특징에 관해 설명하시오. • 영아발달의 6가지 기본 원리를 서술하시오.
기본 유형 문항 작성 방법	• 정의해야 할 용어나 개념을 첫 문장에 정리한다. ('~은 OOOO한 무엇이다.'와 같은 문장 형식으로 정의) • 관련된 핵심 개념들을 구체적으로 설명한다. • 근거로 제시할 수 있는 사례를 들어 설명한다. • 유사한 개념이나 단어와 비교하며 설명한다. (수업 중 함께 학습한 내용) • 핵심 주제의 하위분류를 제시한다. • 어원이나 발생원인 등을 제시한다. • 결과, 효과, 사용 및 활용 방안에 대해서 함께 설명한다.

2) 분석하기(기본 유형의 심화 버전)

핵심 주제에 대한 개념을 정의하는 것 이상으로 보다 상세하고 구체적인 설명을 요구하는 질문으로 앞서 살펴본 유형의 심화 버전으로 볼 수 있다. 분석하라는 지시는 세부 사항을 다루는 경우가 많다.

분석하기 유형 문항의 지시어 형태	• ~를 분석하라. • ~구성하고 있는 요소를 설명하라. • ~의 구조에 대하려 설명하라. • ~의 장점과 단점에 대하여 설명하라. • ~에 사용된 방법론을 설명하라.
분석하기 유형 예시	• 교류분석 상담의 장점과 단점을 논하시오. • AHP분석의 특징과 일반절차를 설명하고 강점과 약점을 설명하시오. • 프로이드가 말한 성격의 구조를 설명하고 구체적 사례를 들어 설명하시오. • 에니어그램에 따른 성격유형을 분석하시오. • 생태학적 체계이론을 기초로 자기 주변 아동을 한 명 골라 환경을 분석하시오.
분석하기 유형 문항 작성 방법	• 핵심 주제어에 대한 내용을 개괄하여 소개한다. • 각 부분과 요소들을 차례대로 설명한다. • 각 부분 사이에 접속사를 넣어 글의 연결을 매끄럽게 한다. • 각 부분이 전체를 어떻게 구성하는지를 강조하며 결론을 맺는다.

3) 의문과 해답, 원인 분석 후 대안 도출하기

핵심 개념에 대한 일반적 지식뿐 아니라 제시한 주제에 대한 근본적 원인을 분석하고 해결방안까지 제시할 수 있는지를 평가하는 문항으로 보통 '원인과 해결방안'에 대해 묻거나 '왜 발생했는가?'와 같은 질문이 많다.

의문, 해답/원인, 대안 유형 문항의 지시어 형태	• ~어떤 사건이나 상황이 왜 발생하였는가? • ~의 이유는 무엇인가? • ~의 원인은 무엇인가? • "~의 원인은 ~이다"라는 주장에 관해 논하라. • ~에는 어떤 문제점이 있는가? • ~와 같은 문제를 어떻게 해결해야 하는가? • ~하려면 어떤 조건이 충족되어야 하는가?

의문, 해답/원인, 대안 유형 예시	• 리더에게 의사소통 기술은 매우 중요하다. 그 이유는 무엇인가? • 마케팅 믹스에서 가장 중요한 것이 무엇인지 선정하고 그 이유를 설명해 보시오. • 사회복지 사각지대가 발생한 원인이 무엇인지 밝히고 그 해결 방안을 제시하시오. • 움라우트 현상이 근대 국어 시기에 발생한 원인과 그 근거는 무엇인가? • 노인의 사회적 고립의 현실과 원인에 대해 작성하고 해결방안에 대해 논하시오. • 양극화 문제와 그 해결방안에 대해 논하시오.
의문, 해답/원인, 대안 유형 문항 작성 방법	• 전체적인 현상, 사건의 전후를 순서에 따라 개괄적으로 제시한다. • 핵심 개념(질문 속 핵심 키워드)에 대한 일반적 상황이나 개념에 대해 우선 설명한다. • 핵심 개념에 대한 원인을 분석하고 대안을 작성한다. • 가장 주요한 사항부터 차례대로 제시한다. • 대안에 따른 예상되는 전망(대안의 효과) 에 대해 덧붙인다.

4) 비교/대조/비판하기

'와 비교하여 ~를 밝혀라'와 같이 기준을 적용해서 기술한 의견을 평가하는 항목 또한 살펴볼 수 있다. 특정 주제 두 가지의 차이점과 유사점을 나열하거나 비교의 기준을 세우고 적용하거나 앞의 지시에 더하여 차이점과 유사점이 어떻게 생겨났는지를 밝히라는 의미 중 하나다.

비교/대조/비판 유형 문항의 지시어 형태	• 두 이론의 차이점에 대해 서술하라. • ~와 ~를 비교해서 논하라. • ~에 대한 과거와 현재의 의견에 대해 비교 후 비판적으로 분석하라. • ~에 대해 비판하라. • ~과 ~에 대해 비교분석 후 차이점을 설명하라.

비교/대조/비판 유형 예시	• 비용편익분석과 비용효과분석를 비교한 후 이에 대한 본인의 생각을 작성하시오. • 부모교육 이론 중 민주적 부모교육이론과 인본주의 부모교육이론을 비교분석하시오. • 킴벌리와 퀸의 조직문화유형에 대하여 비교분석하여 차이점에 대하여 서술하시오. • 변혁적 리더십과 거래적 리더십을 비교분석하여 21세기에 적합한 리더십이 무엇인지 정의하시오. • 파슨스 환자역할에 대하여 만성질환자와 급성환자를 비교하여 사례 분석하시오. • 유튜브 상의 가짜뉴스 사례들을 분석하고 문제점을 비판적으로 논하시오.
비교/대조/비판 유형 문항 작성 방법	• 동일한 기준에 따라 비교나 대조할 항목의 특징을 정리한다.(핵심 주제어의 개념 정리 필수) • 비교 대상의 공통점을 기술한다. • 각 대상을 세부적으로 기술한다. • 두 대상의 차이점을 종합적으로 기술한다. • 수업 중 사례로 들었던 내용을 토대로 문제점에 대해 비판적으로 기술한다.

서술형 시험 문항 중 어떤 유형이 나오더라도 첫 번째 살펴본 기본 유형은 적용이 된다. 비교, 분석을 하든지 해결 방안을 제시하든지 항상 핵심 주제어의 개념 정의는 필수다. 다음의 예시에서 개념 정의가 어떻게 사용되는지 다시 살펴보자.

예시

Q. 키오스크(KIOSK)의 문제점을 '소외'의 관점에서 밝히고 해결 방안을 제시하라.

A. 키오스크란 ________('키오스크의 개념 정의')________이다.

키오스크라는 기계로 인해 두 부류의 사람이 소외를 경험한다.

첫째, ____________. 둘째, ____________.('소외'를 정의)

이를 해결하기 위한 방안은 2가지가 있다.

첫째, ____________. 둘째, ____________.

연습하기

위 예시를 참고해서 아래 3가지 조건을 포함한 서술형 답안을 작성해 보자.
(1. 적절한 접속사를 사용 2. 개념 정의 포함 3. 적절한 예시 사용)

Q. 유튜브 상의 가짜뉴스 사례의 종류를 분석하고 이를 해결하기 위한 개인적 측면에서의 방안을 논하라.

4. 서술형 답안 작성 시 유의할 점

1) 불필요한 표현 정리

글을 간결하게 쓰는 것은 중요하다. 불필요한 단어나 쓸데없는 문장으로 글이 채워지면 안 된다. 그렇다고 써야 할 내용까지 빼라는 것은 아니다.

우선 불필요한 단어나 개념의 반복은 과감히 버릴 필요가 있다. '오늘날의 현대사회'라는 단어는 현대라는 단어에 이미 오늘날, 요즘시대라는 표현이 들어가 있으므로 중복된 단어는 빼도 좋다. 그래도 문장의 의미가 변하지 않기 때문이다. '내가 생각하기에', '내가 느끼기에', '내 의견으로는' 이런 표현도 멀리하라. 내가 쓴 글이니 내 의견이 당연하다. 굳이 내 의견이라고 자꾸 밝힐 필요는 없다.

2) 답안 작성에 적합한 종결어미 사용

답안 작성은 '~이다', '~하다', '~된다'와 같은 문장형으로 작성한다. 답안을 검토하게 될 대상을 생각하며 존댓말로 작성하는 경우가 있으나 공식적인 문제의 경우 '~이다', '~하다'와 같은 하다체가 적합하다. 또한 완성된 문장이 아닌 '~임', '~함', '~됨'과 같은 명사형 종결어미는 답안 작성 시에는 적절하지 않다.

3) 읽는 이가 읽기 수월하게 작성

답안이 너무 길어질 경우 단락을 나누어 주면 좋다. 단락을 나누면 글쓴이의 생각을 시각적으로 정리해서 보여줄 수 있어 평가자 입장에서 쉽게 글을 이해할 수 있다. 글씨체 역시 신경 쓸 필요가 있다. 예쁜 글씨를 요하는 것이 아니라 바른 글씨와 판단하기 쉬운 글씨 크기로 작성하는 것이 중요하다. 채점을 하려는 평가자에게 곤혹스러운 경험을 줄 필요는 없다.

4) 답안 작성에 적합한 필기구 사용

서술형 시험 답안 작성 시에는 쉽게 번지지 않는 흑색 필기구를 사용한다. 연필보다 볼펜을 사용하는 것이 좋고 펜에서 잉크가 과도하게 흘러 답안지가 번지지 않도록 주의한다. 또한 답안을 작성하면서 손에 땀이 나면 번지기 쉬우니 수성보다는 유성펜을 활용한다. 펜을 사용하기 어려운 경우 연필이나 샤프로 작성해도 되지만 너무 연한 색을 사용하면 가독성이 떨어진다는 것을 감안해서 사용하도록 한다.

5) 질문에서 벗어나는 내용 작성 금지

답안지에 필요 이상의 내용은 쓰지 않는다. 너무 장황하거나 불필요한 내용을 쓰게 될 경우 작성자가 해당 주제를 잘 모른다는 인상을 받게 된다. 출제자는 상식을 평가하고자 하는 것이 아니라 수업에서 다룬 내용을 얼마나 알고 있는지를 평가하려 한다. 따라서 핵심에서 벗어난 내용이나 교과 과정에서 공유하지 않은 기본적인 상식 수준의 내용들을 길게 쓸 필요가 없다.

PART 3

실용글쓰기

Chapter 10

프렙-오레오-템플릿 글쓰기

1. 프렙(PREP) 글쓰기

임재춘(2019)은 프렙의 정보 배열을 다음과 같이 말한다.

1) P(Point)

핵심 내용을 주장한다. 주장 대신 주제가 나와도 된다. 문단에서 주제를 가리키며, '첫째, 둘째'를 사용하여 서술한다,

2) R(Reason)

주장을 뒷받침하는 근거로 이유를 설명한다. 근거로 이유 대신 방법이 나와도 된다. 이유나 방법은 개념이 추상적이다. 추상적인 개념이 들어 있어서 논리가 필

요하고 주장을 뒷받침하는 근거를 설명하면 논리적인 글이 된다. 문장에는 '왜냐하면, 때문이다'를 사용한다.

3) E(Example)

근거를 증명하기 위해 예를 제시한다. 자료로 보여주면 증명이 강력해지기에 연구 자료, 조사자료, 통계자료 등 각종 수치를 보여준다. 사실이나 전문가 의견을 제시해도 좋다. 예, 자료, 사실, 전문가 의견은 개념이 구체적이다. 구체적인 것은 오감으로 느낄 수 있는 '구체적인 대상'으로 보여줄 수 있다. 설명은 필요 없고 눈으로 직접 확인할 수 있게 증명을 하는 것이다. 생생하게 보여줄수록 증명력이 커진다. 논리 대신에 논증이 적용되며, '예로, 예를 들면'을 사용한다.

4) P(Point)

주장을 강조한다. 주장 대신 주제가 나와도 되며, 문단 마지막에서 소주제를 강조한다. 또한 명령이나 제안의 역할도 하며, 다음 문단의 내용을 연결하는 전환 문장이 되기도 한다. 강조, 제안이나 변환이 중요하지 않을 때는 생략한다. '따라서, 결론적으로, 앞으로'를 사용한다.

논리적인 글은 주장을 근거로 뒷받침하는 글이다. 근거는 이유와 방법으로 추상적인 개념이기에 주장과 이를 뒷받침하는 근거 사이에 논리가 성립한다. 주장(P)이 먼저 나오고 근거(R)로 뒷받침하는 논리가 연역법이고, 근거가 먼저 나오고 주장이 뒤에 나오면 귀납법이다.

다음은 증명이다. 논리적인 근거(R)로 합리성을 가지더라도 눈으로 확인할 수 있는 구체적인 대상이 있어야 객관적인 타당성을 입증할 수 있다. 예를 들거나 자료나 사실 또는 전문가 의견(E)이 제시되어야 한다. 이런 증명이 있어야 논리를 가진 주장이 논증의 조건까지 갖추는 것이다.

'프렙'을 활용한 문단 쓰기는 문단을 논리적이고 논증적으로 쓰는 데 가장 적합한 구조다. 주장/주제(P)를 근거인 '이유/방법'(R)이 논리적인 설명으로 뒷받침하고 이를 '예/자료/사실/전문가 의견'(E)을 제시하여 눈으로 구체적으로 확인할 수 있게 하여 증명하는 것이다. 마지막으로 '주장/주제를 재강조'(P)하므로 프렙 문단은 완벽한 논리와 논증을 갖춘 구조라고 할 수 있다.

프렙 문단과 패턴

프렙으로 문단을 쓰면 완벽한 논리적인 문단이 된다. 다음 과제는 문단 전개는 어떻게 해야 전체적으로 한 편의 논리적인 글이 되는가 하는 문제만 남는다. 문단 전개는 패턴 몇 개만 알면 된다. 우리는 생각이나 사고를 할 때 하나하나 분석적으로 하기보다는 패턴에 의거하여 통합적으로 하는 경향이 강하다. 정보를 한꺼번에 효율적으로 처리할 수 있기 때문이다. 막강한 파워포인트가 보여주는 화면이 좋은 예다. 따라서 논리적인 문단 전개는 굳이 학문적인 정의에 매달릴 필요가 없다.

(1) 순차적/나열식 패턴

가장 많은 전개 방법이다. 일이 일어나는 순서를 시간/장소 순으로 적거나 대상을 하나의 방향으로 나열하는 방법이다. 순차적/나열식 전개는 아주 일반적이어서 크게 보면 다음의 전개 방법이 모두 이 범주에 해당한다고 볼 수 있다.

① 시간적 전개
② 장소적 전개
③ 과정 전개
④ 중요도 순서로 전개(또는 역방향)
⑤ 일반에서 상세로 전개(또는 역방향)

순차적/나열식 전개는 '첫째, 둘째, 셋째'와 같은 신호가 주로 사용된다. 이런 신호를 전환 신호라고 부른다. 전환 신호는 문단 제일 앞에 두어 그 문단이 진행해 나가는 방향을 미리 알려준다.

(2) 비교/대조 패턴

서로 같은 성질은 비교하고, 서로 다른 성질은 대조한다. 보통 단순하게 비교만 하거나 단순하게 대조만 하는 경우는 드물기에 비교/대조는 섞어서 쓰거나 구분하지 않고 쓰는 경우가 많다. 비교/대조적인 패턴은 다음과 같다.

① 문제: 해결 전개
② 원인: 결과 전개
③ 논쟁(찬반) 전개

보고서, 제안서, 기획서 쓰기가 이 유형에 해당한다. 비교/대조에는 '그런데, 한편'과 같은 전환 신호가 쓰인다.

(3) 분할/분류 패턴

분할은 큰 것을 쪼개어 같은 성격을 가진 것을 따로 모으는 것이다. 위에서 아래도 내려가는 톱 다운(Top-down) 방식으로 개요나 목차가 예다. 작고 간단한 정보를 모아 차츰 큰 정보로 그룹화하여 나가는 방법이 분류다. 분류는 주로 아래에서 위로하는 보텀업(Bottom-up)방식이다. 아이디어를 압축하여 주제를 정할 때 사용한다.

(임재춘((2019), 쓰기의 공식 PREP, 반니)

그렇다면, 문단별 글은 어떻게 작성하는가? 조직도에 따라 문단별로 글을 써내려간다. 사실 서론 문단 쓰기가 가장 어려운데, 첫 문장은 예(E)로 시작한다. 생생한 예일수록 좋으며, 명언이나 속담을 인용해도 된다. 하나의 예를 길게 써도 되고, 짧은 것은 3개 제시해도 된다. 다음 문장은 이유(R)로 뒷받침 근거를 설명하고 마지막 문장은 주장문의 도입 부분에 배치한다. 따라서 서론 문단의 소주제문은 제일 마지막 문장이다.

본론 문단 쓰기는 주장을 뒷받침하는 논리적 근거로 이유를 2개 제시한다. 간단한 구조는 R(이유)－E(예)－E(예)－E(예)다. 복잡한 구조는 P(소주제)－R(소주제에 대한 이유)－E(자료)－E(자료)－E(자료)－P(소주제 강조)다.

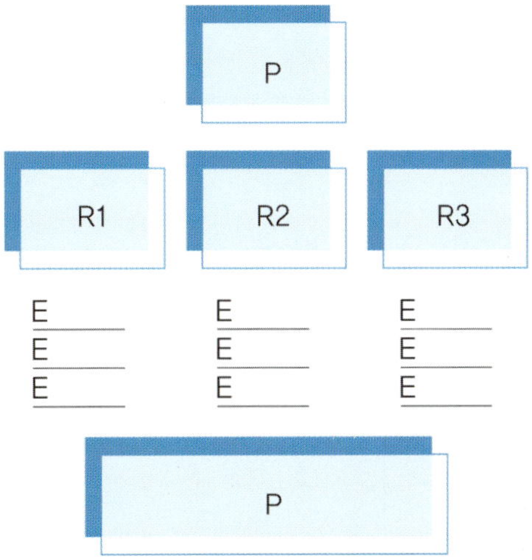

[그림 10-1] 프렙 글쓰기 도식

결론 문단은 프렙에서 예(E)를 제외하고 쓰면 된다. 결론 문단은 제안이 많기에 제안의 P(도입 소주제)－근거로서 R(방법)－P(제안 소주제)로 하면 된다.

연습하기 프렙 글쓰기

<table>
<tr><td colspan="4">제목(주제):</td></tr>
<tr><td rowspan="4">1문단</td><td colspan="2"></td><td rowspan="4">서론(미괄식)</td></tr>
<tr><td colspan="2"></td></tr>
<tr><td colspan="2">P</td></tr>
<tr><td colspan="2"></td></tr>
<tr><td rowspan="4">2문단</td><td>R1</td><td>E</td><td rowspan="4">본론(두괄식)</td></tr>
<tr><td colspan="2">E</td></tr>
<tr><td colspan="2">E</td></tr>
<tr><td colspan="2"></td></tr>
<tr><td rowspan="2">3문단</td><td>R2</td><td>E</td><td rowspan="2">본론(두괄식)</td></tr>
<tr><td colspan="2">E</td></tr>
</table>

<table>
<tr><td rowspan="2"></td><td colspan="2">E</td><td rowspan="2"></td></tr>
<tr><td colspan="2"></td></tr>
<tr><td rowspan="4">4문단</td><td>R3</td><td>E</td><td rowspan="4">본론(두괄식)</td></tr>
<tr><td colspan="2">E</td></tr>
<tr><td colspan="2">E</td></tr>
<tr><td colspan="2"></td></tr>
<tr><td rowspan="4">5문단</td><td colspan="2"></td><td rowspan="4">결론(미괄식)</td></tr>
<tr><td colspan="2"></td></tr>
<tr><td colspan="2">P</td></tr>
<tr><td colspan="2"></td></tr>
</table>

2. 오레오(OREO) 글쓰기

송숙희(2018)에 의하면 오레오 맵은 다음과 같이 4단계를 거친다.

1) 의견 제시하기(Opinion)

오레오 맵으로 논리 정연한 메시지를 만들 수 있도록 핵심 내용을 명료하게 다듬는 과정이다.

> (예) 관찰력을 기르려면 그저 집중해서 보는 게 제일 낫다.

2) 이유 들기(Reason)

1단계에서 주장한 의견에 타당한 근거를 들어 증명하는 과정이다. 이 단계에서 객관적인 수치로 의견이 증명되면 독자는 빠르게 설득된다.

> (예) 왜냐하면 본 것을 기록하거나 사진 찍으면 보는 행위를 소홀히 하기 십상이어서 관찰력을 기르는 데 도움이 되지 않기 때문이다.

3) 사례 들기(Example)

예시와 사례로 증명에 쐐기를 박는 단계이다. 이유와 근거가 이성에 호소하는 증명 방식이라면 예시와 사례는 독자의 마음에 어필한다. 또한 논점에 맞는 사례, 참신한 사례는 설득력을 높여준다.

> (예) 일본 작가 무라카미 하루키도 여행지에서는 메모도, 사진 촬영도 하지 않고 돌아와서 본 것을 떠올리며 잔상을 정리한다고 한다.

4) 의견 강조하기, 제안하기(Opinion, Offer)

독자에게 끌어내고자 한 반응을 촉구하는 내용을 담는다. 이로써 핵심을 빠르게 전달하는 메시지 만들기가 완성된다.

> (예) 관찰력을 기르려면 메모지나 카메라를 지참하지 않고 현장에 나가자. 그러면 온 마음을 다해 보이는 것에 집중할 수 있다. 대신 현장을 벗어나자마자 인상적인 몇 가지를 기록해 두면 본 것을 잘 기억할 수 있다.

오레오 맵을 활용하여 글을 쓰면 생각과 자료와 정보를 체계적으로 짜임새 있게 수집한 자료들을 논리에 맞추어 조립하게 된다. 결과적으로 필요하지 않은 내용을 덜어내고 메시지에 집중해 핵심을 빠르게 전달할 수 있다. 생각들의 관계를 파악하고 요소들이 논리에 맞게 갖추어졌는지 빨리 파악할 수도 있다. 또한 어떤 종류의 글쓰기에서든 혼선을 예방하는 한편 생각을 쉽게 이끌어낸다. 이러한 오레오 맵을 활용한 글을 쓰기 전에 '독자는 누구인가?, 독자에게 무슨 말을 할 것인가?, 독자에게 제안하는 것은 무엇인가?'에 대한 생각을 하고 써나간다면 더 능숙한 필자가 될 수 있다.

연습하기 오레오(OREO) 글쓰기 전

예상 독자는 누구인가?	
예상 독자에게 무슨 말을 할 것인가?	
예상 독자가 글에서 기대하는 것은 무엇인가?	

연습하기 오레오(OREO) 글쓰기

의견 제시하기(Opinion) (Tip: ~하려면 ~하라)	
이유 들기(Reason) (Tip: ~왜냐하면 ~이기 때문이다.)	
사례 들기(Example) (Tip: 예를 들면~)	
의견 강조하기, 제안하기 (Opinion, Offer) (Tip: 그러니 ~하라)	

3. 템플릿(TEMPLATE) 글쓰기

야마구치 다쿠로(2020)는 스트레스 없이 읽을 수 있는 '열거 형', 설득력이 높아지는 '결론 우선 형', 공감대가 생기는 '공감 형', 이 3가지 템플릿은 적용 범위가 매우 넓고 업무적인 글쓰기를 비롯해 개인적인 글쓰기에 이르기까지 다양한 글을 쓸 때 사용할 수 있다고 한다.

1) 스트레스 없이 읽을 수 있는 '열거 형'

내가 알고 있는 정보를 포인트별로 기술하는 템플릿이다. A: 메시지 한 줄 요약 → B: 열거 포인트 1→ C: 열거 포인트 2→ D: 열거 포인트 3→ E: 정리 순으로 쓴다. 정보가 '아직 구체화되지 않은 덩어리'일 때는 의식적으로 '몇 개의 포인트'로 나눈다. 이때 첫 문장에서 앞으로 기술한 주제와 열거할 포인트의 숫자를 제시한 후 포인트를 하나씩 순서대로 기술한다. 반대로 정보가 너무 세분화되어 있을 때는 의식적으로 '정보의 통합'과 '정보의 우선순위 정하기(순위가 높은 것부터 쓴다)'를 한다. 정리할 문장을 쓸 때는 열거 포인트를 총괄하는 의식이 필요하다. 열거 포인트를 살펴보면서 열거 포인트의 경향이나 공통점을 발견하면 깔끔하게 정리된다. 대표적으로 사용할 수 있는 경우는 '전달하려는 것이 여러 가지일 때, 질문 사항이나 확인 사항이 여러 개일 때, 상의한 내용을 정리해서 기술할 때, 복잡하게 얽힌 정보를 정리해서 전달하고 싶을 때, ○○의 흐름을 전달하고 싶을 때, ○○을/를 요약해서 정리할 때, 같은 종류의 정보가 많을 때, 식순을 쓸 때, 대량의 포인트를 엄선해서 기술할 때, ○○을/를 묘사할 때' 등이다.

A: 내용을 한 줄로 요약한다.

(예) ○○에는 3개의 ○○가 있다.
대학생 창업의 이점은 3가지다.
스마트폰 중독 여부를 확인하는 방법은 5가지가 있다.
시간 효율을 높이는 몇 가지 방법이 있다.
시간 효율을 높이는 3가지 방법이 있다.

B: 열거 포인트 1

(예) 첫 번째 ○○는 ~이다.
첫째, 지식과 교양 쌓기이다.

C: 열거 포인트 2

(예) 두 번째 ○○는 ~이다.
둘째, 풍부한 어휘력이다.

D: 열거 포인트 3

(예) 세 번째 ○○는 ~이다.
셋째, 타인에 대한 관대함이다.

E: 정리

(예) 따라서 ○○이다.
이처럼 독서를 통해서 인간적인 성장은 물론 일과 삶을 대하는 태도도 성장한다.
따라서 가장 가성비 높은 자기 투자는 독서가 아닐까 생각한다.

연습하기 열거 형 템플릿 글쓰기

A 내용을 한 줄로 요약한다.

나는 ________________를 좋아한다. 이유는 3가지다.

B 열거 포인트 1(이유는 첫째~이다)

____

____

C 열거 포인트 2(이유는 둘째~이다)

____

____

D 열거 포인트 3(이유는 셋째~이다)

____

____

E 정리(~한 사람에게는 특별히 추천한다)

____

____

2) 설득력이 높아지는 '결론 우선 형'

가장 전달하고 싶은 포인트에 초점을 맞춰서 글을 쓰는 템플릿이다. 제일 먼저 결론을 제시한 후 결론에 대한 견해를 자세하게 써 나가는 템플릿이다. 글 첫머리에서 결론을 내린 후에 왜 그런 결론을 내렸는지에 대한 대답에 해당하는 이유를 쓰고 이어서 결론의 설득력을 높이기 위한 구체적인 사례를 들고 자세한 설명을 한다. 즉 A: 결론→ B: 이유 및 근거→ C: 구체적인 예, 상세 내용→ D: 정리 순으로 작성한다. 글을 읽는 사람을 납득시키고 싶을 때 유용하다. '이유'와 '구체적인 예'는 '결론'의 설득력을 더욱 강화하기 위해 필요한 '살 붙이기 정보'이다. 계속 읽다 보면 설득력이 높아진다. 대표적으로 사용할 수 있는 경우는 '분명하게 전달하고 싶은 사안이 하나 있을 때, 하나의 주제를 심층적으로 전달하고 싶을 때, 논리적으로 전달하고 싶을 때, 이해도를 높이고 싶을 때, 납득을 받고 싶을 때, 설득력을 높이고 싶을 때, ○○을/를 보고할 때, ○○을/를 설명할 때, ○○을/를 상담할 때, ○○을/를 알릴 때, ○○의 주의를 촉구할 때, ○○을/를 추천하고 싶을 때, ○○에 대해서 의문을 남기기 싫을 때, 에세이나 리포트를 쓸 때' 등이다.

A: 결론을 쓴다.

(예) 나는 ○○이라고 생각한다.
잠들기 전 한 시간 동안 스마트폰을 보지 않으려고 한다.
결론은 ○○이다.
나는 ○○에 찬성한다.
내 생각은 ○○이다.
가장 중요한 것은 ○○이 아닐까?
결론부터 말하면 ○○이다.
○○한 사람에게는 ○○을/를 추천한다.
○○을/를 하려면 ○○라는 방법이 있다.
단도직입적으로 말하면
솔직히 말하면

B: 이유 및 근거를 쓴다.

(예) 왜냐하면 ○○이기 때문이다.
스마트폰 화면에서 나오는 빛은 교감신경을 자극해서 뇌를 흥분 상태로 만들기 때문이다.
이유(근거)로는
~라는 것은
그 이유(근거)는
○○라는 것이 그 이유(근거)입니다.

C: 구체적인 예와 상세 내용을 쓴다.

(예) 예를 들면 ○○라는 것이 있다.
자기 전에 스마트폰을 보는 대신 책을 읽었더니 놀랄 만큼 쉽게 잠에 빠졌다.
한 예를 들면
구체적으로는
~이/가 하나의 예다.
○○의 데이터에 따르면
사실, 나도

D: 정리

(예) 그러므로 나는 ○○라고 생각하는 것이다.
앞으로도 취침 전 '스마트폰 디톡스'를 계속해 나갈 생각이다.
따라서
이상의 사실로
이와 같이
이런 이유로
되풀이해서 말하지만
○○을/를 함으로써 ○○이 되는 것을 기대할 수 있다.
○○을/를 해 보는 것은 어떨까요?

연습하기 결론 우선 형 템플릿 글쓰기

A 결론을 쓴다.

나는 ________________을 제안한다.

B 이유 및 근거를 쓴다(왜냐하면 ○○이기 때문이다.).

____

____

C 구체적인 예와 상세 내용을 쓴다(구체적으로는 ○○을/를 한다.).

____

____

D 정리(이 제안이 성사되면 앞으로 이렇게 될 것이다.)

____

____

3) 공감대가 생기는 '공감 형'

공감 형이란 어떤 에피소드를 통해 읽는 이의 공감을 이끌어내는 것을 목적으로 이야기하듯이 쓰는 템플릿이다. A: 마이너스 요인 → B: 결정적 계기 → C: 진화 및 성장 → D: 밝은 미래 순으로 쓴다. 읽는 이의 공감대를 높이고 싶을 때 유용하다. 발전적인 스토리 라인이 독자의 공감대를 이끌어내는 포인트다. 대표적으로 사용할 수 있는 경우는 '공감을 이끌어낼 때, 감동시키고 싶을 때, 감정 이입시키고 싶을 때, ○○의 체험담을 이야기하고 싶을 때, ○○의 에피소드를 이야기하고 싶을 때, ○○의 안내를 할 때, 흥미나 관심을 끌고 싶을 때, 각본을 쓸 때, 줄거리를 쓸 때, 제품이나 서비스를 팔고 싶을 때, 고객을 유치하고 싶을 때, 독자의 머릿속에 ○○이미지를 투영시키고 싶을 때, 자신 또는 회사의 프로필을 쓸 때, 동화나 소설을 쓸 때, 이해하기 쉬운 예화를 쓸 때, 누군가에게 무언가를 의뢰할 때, ○○의 제안이나 기획을 할 때' 등이다.

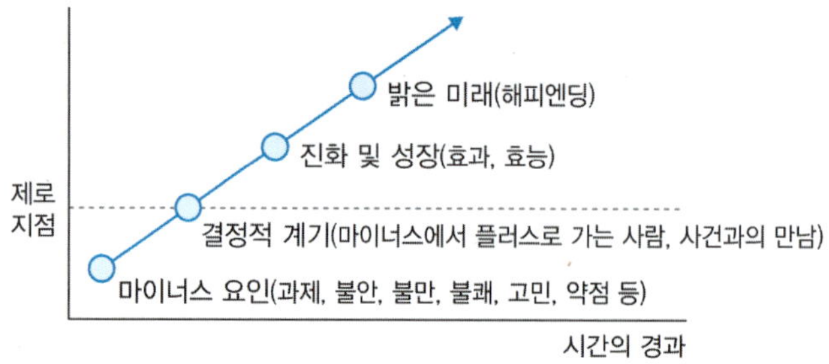

[그림 10-2] 공감 형 템플릿 글쓰기

A: 마이너스 요인을 쓴다.

(예) 좀처럼 성적이 오르지 않았다.
주변 사람들과 원만한 인간관계를 구축하기 힘들다.
사업에 실패했다.
남자(여자) 친구에게 차였다.
정리 해고를 당했다.
마음이 우울하다.
○○으로 몸 상태가 나빠졌다.
○○을 못해서 괴롭다.
○○에 불만을 느꼈다.
노인의 고독사 문제
각종 성희롱
소득 격차(빈부 격차)
인구 감소 사회
블랙 기업
차별 문제

B: 결정적 계기를 쓴다.

(예) 과외 선생님을 만나다.
친구가 권해서 읽은 책
킬링타임으로 본 영화
우연히 만난 사람
새로운 선생님
어쩌다 참석한 술자리
연인과의 만남
결혼과 출산
이직이나 전직
레저, 휴양지나 여행지
이사
처음 먹은 음식
새롭게 시작한 취미

C: 진화 및 성장 내용을 쓴다.

(예) 성적이 계속 올랐다.
샌드위치 화법으로 대화를 하다 보니 부하 직원들과의 관계가 나날이 좋아졌다.
금방 만든 도시락은 놀랄 만큼 맛있었다.
돈을 받을 때나 지불할 때 감사하는 마음을 갖게 되니 부정적인 감정이 많이 줄어들었다.
이 상품, 서비스를 사용함으로써 여러분은 ○○의 이점을 얻게 된다.

D: 밝은 미래에 대해 쓴다.

(예) 입시까지 순조롭게 성적을 올리고 싶다.
야구부에서 가장 유망한 주전 선수가 되었다.
몸이 튼튼해지고 감기 한 번 걸리지 않게 되었다.
조직이 잘 정비되어 직원들의 사기가 올라갔다.
앞으로도 샌드위치 화법을 적극적으로 사용해서 부하 직원들과 공고한 신뢰 관계를 구축하고 싶다.

연습하기 공감 형 템플릿 글쓰기

A 마이너스 요인을 쓴다(예전의 나는 ○○ 이었다.).

B 결정적 계기를 쓴다(어느 날 이런 ○○을 만났다.).

C 진화 및 성장 내용을 쓴다(나는 이런 식으로 변했다.).

D 밝은 미래에 대해 쓴다(이 경험으로 얻은 것은 ○○였다.).

Chapter 11

나를 보여 주는 자기소개서

1. 자기소개서 작성 시 기본 유의 사항

취업을 희망하는 사람이라면 비켜갈 수 없는 글쓰기 영역 중 하나는 자기소개서 작성일 것이다. 실제로 많은 기업에서 직원 채용에 있어서 자기소개서의 중요성을 강조하고 있어 취업 준비생들은 자기소개서 작성에 힘쓰고 있다. 자기소개서 작성 역시 앞서 살펴본 다양한 글쓰기 스킬을 적용할 수 있다. 자기소개서 문항별 자신을 어떤 식으로 나타내면 좋을지에 대한 전략만 정확히 세우면 다른 글쓰기들과 크게 다르지 않다는 것을 기억하자.

자기소개서는 무엇을 했는지를 나열하는 일기나 설명문이 아니다. 자기소개서는 지원자가 강조하고 싶고 말하고자 하는 의도를 정확하게 표현하는 논설문에 가깝다. 자신의 주요 역량과 강점이 명확하게 상대에게 전달되고 상대방을 충분히 설득할만한 근거가 가득한 자기소개서가 잘 쓴 자기소개서라고 할 수 있다.

자기소개서 = 논설문
("나를 뽑아라! 후회하지 않을 것이다!"
라는 의도가 분명히 포함되어 있고 이를 설득해야 한다.)

자신의 의도를 분명하게 전달하고 상대방을 설득하기 위해서 기본적으로 지켜야 할 유의사항을 알아보겠다.

1) 두괄식 글쓰기

자기소개서를 작성하면서 가장 먼저 알고 있어야 할 부분은 두괄식 글쓰기를 해야 한다는 것이다. 두괄식 글쓰기란 해당 문단에서 가장 핵심이 되는 문장을 앞부분에 작성하는 것이다. 이 글을 왜 작성했는지 먼저 알려준 다음에 그것을 뒷받침할 수 있는 근거나 세부적인 내용들을 이어서 보여주는 것이다. 이렇게 작성할 경우 읽는 이가 글을 쓴 사람이 중요하게 생각하는 부분을 가장 먼저 그리고 쉽게 찾을 수 있다는 큰 장점이 있다. 그러므로 인사담당자가 지원자가 어필하고 싶은 문장을 쉽게 읽고 찾도록 두괄식으로 작성하는 것이 좋다. 다음의 대화에서 두괄식 구조의 글쓰기와 말하기가 얼마나 중요한지 다시 살펴보자.

예시 1

"고운아, 너 혹시 오늘 A 마트에 갈 거면 부탁 하나만 해도 될까? 걸어가는 거지? 집에서 나가서 시청방면으로 5분정도 걷다보면 횡단보도가 나와. 횡단보도 건너서 A마트 바로 옆 작은 골목으로 들어가서 직진하다 보면 노란색 건물이 보일 거야. 거기 3층에 카페가 하나 있거든, 거기 쿠키가 엄청 맛있어. 우리 같이 먹자. 초코쿠키 3개만 사다줘."

예시 2

"고운아, 너 혹시 오늘 A 마트에 갈 거면 부탁 하나만 해도 될까? 마트 근처에서 같이 먹을 초코쿠키 3개만 사다줘. 집에서 걸어 갈 거면 시청방면으로 5분정도 걷다보면 횡단보도가 나와. 횡단보도 건너서 A마트 바로 옆 작은 골목으로 직진하다 보면 노란색 건물이 보일거야. 거기 3층에 카페가 하나 있어. 거기서 사면 돼."

예시 1과 예시 2에서 밑줄 친 부분이 결론이자 말하고자하는 핵심이다. 예시 1의 방식으로 말했을 때 듣는 사람 입장에서 답답함을 느낄 수 있다. 결론이 뭔지, 말하고자하는 진짜 용건이 뭔지 답답할 수 있다는 이야기다. 글쓰기도 마찬가지다. 무슨 이야기를 하고 싶은지 바로 파악이 어려운 글은 읽는 사람에게 답답함을 느끼게 할 수 있다. 그래서 우리는 두괄식으로 작성하고 말하는 것이 중요하다.

2) 글쓰기 구조 알기

두괄식 글쓰기의 연장선으로 자기소개서 작성에 있어서 구조가 있다는 것을 알아야 한다.

아래에 제시한 구조 [A-B-A']는 자기소개서 작성 시 기본이 되는 원칙이라고 생각해도 좋다.

A-B-A'

[A]에는 두괄식에서 이야기한 글을 쓰는 해당 항목에서 이야기하고자 하는 주제이자 지원자가 가장 어필하고자 하는 부분을 작성한다. 이어 [B]에는 주제를 뒷받침 해줄 근거가 되는 경험을 구체적으로 작성한다. 마지막 [A']는 어필하고자 하는 주

제를 다시 한 번 작성해서 인사 담당자의 기억에 남도록 하는 부분이다.

예를 들면 성격의 장점을 작성하는 항목에서 아래와 같은 구조로 작성을 하면 된다.

A: 정리정돈을 잘하는 것은 저의 큰 강점입니다.
병원에서 실습을 하며 저의 장점을 잘 발휘해 인정받은 적이 있습니다.
B: 대학교 3학년 OO병원에서 실습을 하던 중 병원에서 기자재 장부에 적힌 물품 개수와 실제 물품 개수가 맞지 않아 혼란을 겪었던 일이 있었습니다. 그래서 저는 라벨지를 가지고 와서 누구나 보기 편하고 잊을 수 없도록 크게 물품명을 작성해 정리정돈을 새로 했습니다. 이에 간호사 선생님들께 크게 칭찬을 받을 수 있었습니다.
A': 항상 주변을 돌아보며 정리정돈을 잘해 모두가 일하기 좋은 환경을 만들도록 노력하겠습니다.

3) 강점을 어필할 수 있는 경험 작성하기

지원자의 직무 적합성을 평가하기 위해서 관련 자격증이나 관련 경력을 보기도 하지만 이들 못지않게 중요하게 보는 것이 직무관련 경험 혹은 지원자의 강점을 발휘한 경험이다. 그러므로 지원자는 본인의 경험을 구체적으로 작성할 필요가 있다. 경험을 잘 작성해야 하는 이유는 또 있다. 많은 지원자들이 스스로의 강점을 어필하면서 그 강점을 발휘한 경험은 작성하지 않는 경우가 많다. 이럴 경우 인사 담당자는 해당 지원자의 강점을 믿을 만한 근거가 없으므로 이 강점은 신빙성을 잃게 된다. 따라서 강점을 뒷받침할 경험을 작성하는 것이 필요하다.

4) 지원 직무가 명확히 드러나는 내용

좋은 자기소개서는 읽는 사람이 지원자의 지원 분야를 확인하지 않고 읽더라도 지원하는 직무가 명확히 드러나는 것이다. 지원 직무가 잘 표현된 자기소개서를 작성하기 위해서는 우선 해당 직무에 대한 철저한 분석을 통해 직무 역량을 찾고, 직무가 요구하는 역량이 자기소개서에 표현이 되어 있는지 살펴봐야 한다. 또한 직무와 연관성이 높은 교내외 활동을 포함한 여러 경험을 풍부하게 작성해 직무 적합성을 높일 수 있는 자기소개서를 작성하도록 한다.

5) 식상한 표현이나 빌려온 표현 피하기

자기소개서의 주체는 '나'가 되어야 한다. 내가 한 활동과 내가 느낀 감정, 나의 강점 등 나에 대한 소개를 위한 것이 자기소개서이다. 하지만 몇몇 지원자들은 합격한 친구의 자기소개서나 인터넷에서 찾을 수 있는 합격 자기소개서의 한 구절을 그대로 인용해 본인의 이야기처럼 작성하는 경우가 있다. 이렇게 할 경우 누구나 사용하는 식상한 구절을 인용할 경우가 있으며 많은 양의 자기소개서를 읽어 보는 다수의 인사담당자는 이를 쉽게 판단할 수 있다. 또한 나의 이야기가 아닐 경우 서류합격은 할지도 모르나 면접에서 거짓 경험에 대한 심층 질문으로 가짜 경험이 드러나게 될 수도 있음을 명심해야 한다.

6) 자신을 120% 표현하기

자기소개서는 '나'라는 상품을 '인사담당자'라는 고객에게 소개하는 것에 비유하기도 한다. 그만큼 지원자가 스스로를 적극적으로 어필하라는 의미라 생각하면 된다. 그러므로 재차 강조하지만 자신의 강점과 경험을 사전에 정리해 두고 기업에서 요구하는 인재와 희망 직무가 요구하는 역량이 무엇인지 조사해 두는 것은 매우 중요하다. 그리고 자기소개서를 쓰면서 본인이 정리해 둔 강점과 경험을 모두 표현할 수 있도록 노력해야 한다. 또한 본인의 강점과 직무 역량을 열심히 소개하는데 그치지 말고 소극적이고 자신감이 없어 보일 수 있는 표현이 아닌 자신감 넘치고 당당한 표현을 사용할 필요가 있다. '비록~부족하지만', '~경험이 없지만', '~ 인 것 같습니다.' 와 같은 자신감 없는 표현을 사용하지는 않았는지 다시 검토해 보길 바란다.

7) 완벽한 자기소개서 만들기

입사지원서에서 인사담당자는 지원자의 스펙이나 직무 적합성만 보려하는 것은 아니다. 이력서와 자기소개서를 통해서 지원자의 OA사용능력이나 업무수행 시 얼마나 꼼꼼하게 일을 처리하는 성격인지도 평가 가능하다. 이러한 면에서 저평가되지 않으려면 사소한 실수가 있으면 안 될 것이다. 오타, 요청한 질의에 대한 무성의한 답변이나 빈칸, 줄 맞춤 실수, 지원 기업의 이름을 틀리는 등의 실수가 있지는 않은지 계속해서 확인할 필요가 있다. 작성 후 여러 번 검토를 하고 수정을 하는 것을 반복해야 하며 이 과정에서 중복되는 말이 많지는 않은지 띄어쓰기나 오타가 없는지 확인하며 본인이 확인하지 못하는 실수가 있을 것을 대비해 지인에게 읽어보고 수정 부분이 없는지 부탁하는 것도 좋은 방법이다. 오타와 더불어 줄임말도 조심해야 한다. 지원자들이 가장 많이 실수로 하는 줄임말은 '알바', '자소서', '과대', '총학' 등이 있다. 혹여나 진중함이 떨어져 보일 수도 있으니 이런 줄임말은 사용하지 않는 편이 낫다.

8) 자기소개서 작성 후 서류 제출 전 최종 점검사항

이력서와 자기소개서 작성을 완료했다면 서류를 제출하기 이전 반드시 반복적인 검토가 필요하다. 다음의 체크리스트를 활용해 더욱 완벽한 입사지원서를 완성한 후 서류를 최종 제출하도록 하자.

서류 제출 전 체크리스트
□ 전체 내용 중 오타는 없는가? 띄어쓰기는 정확한가?
□ 기업의 명칭을 올바로 작성하였는가?
□ 강점에 대한 근거(경험)를 충분히 작성하였는가?
□ 기업의 인재상이 자기소개서에 표현되었는가?
□ 인적 사항 작성에 실수는 없는가?(연락처, 전자우편주소 등)
□ 모든 항목에 빈칸 없이 작성 혹은 입력되었는가?
□ (분량 제한이 있다면) 제한 분량의 80% 이상을 작성하였는가?
□ 중복된 사례(경험)를 작성하지는 않았는가?
□ '귀사'라는 단어를 사용하지 않았는가?
□ 자기소개서 전반적인 내용으로 지원 직무 유추가 가능한가?
□ 줄임말이나 외래어, 비속어 등 허용되지 않는 단어나 표현은 없는가?
□ 자기소개서 질문(항목)에서 요구하는 것들을 모두 작성하였는가?
□ 두괄식 문장으로 작성하였는가?
□ 반복되는 단어가 많지 않은가? ('저는~', '또한', '그리고' 등)
□ '~같습니다.', '비록 ~부족하지만' 과 같은 자신감 없는 표현은 없는가?
□ 연도나 전화번호 등 숫자를 기입할 때 실수는 없는가?
□ 사진은 제대로 첨부되어 열리는가?

2. 인사담당자가 원하는 글쓰기 전략

1) STAR 기법을 이용한 자기소개서 작성

STAR 기법이란 Situation, Task, Action, Result로 글을 쓰는 당사자 자신의 경험을 구체적으로 풀어 이야기하는 글쓰기 방법이다. 보다 논리적 글쓰기가 가능하기 때문에 이야기하고자 하는 핵심을 정확하게 전달하는 데 효과적인 방법이다. 글쓰기뿐 아니라 면접과 같이 짧은 시간에 핵심을 전달해야 할 경우에도 사용가능하다. STAR 기법을 자세히 살펴보면 아래와 같다.

- **S** 처한 상황(Situation)
- **T** 그 상황에서 발생한 문제 혹은 과제(Task)
- **A** 취한 노력과 행동, 태도 등(Action)
- **R** 행동의 결과, 나에게 끼친 영향(Results)

여기서 중요한 사실은 인사 담당자는 S와 T보다는 A와 R를 더 집중적으로 본다는 것이다. 지원자가 어떤 문제의 상황에서 어떤 기지를 발휘해 이를 해결했는지 혹은 어떠한 노력을 했으나 실패할 수밖에 없었는지가 궁금하며 이를 통해 배운 점과 이를 회사에서 잘 발휘할 수 있을지 알고 싶을 것이다. 그리고 R(결과)에서 반드시 성공한 결과를 작성해야 하는 것은 아니다. 성공여부와 관계없이 지원자 자신이 어떤 영향을 받았고 이후 어떤 식으로 개선해 나갈 것인지 확인이 된다면 성공보다 더 값진 실패 사례로 작성할 수 있을 것이다.

STAR 기법을 활용한 글쓰기 예시를 살펴보자.

S	대학교 체육대회에서 100인 비빔밥 프로젝트를 기획
T	서로 역할 분담을 하는데 의견 충돌, 대량음식을 해본 경험이 없어 어려움을 느낌
A	희망 포지션 공개 투표, 급식업체에 일하는 선배에게 자문을 구함
R	모두가 만족한 역할을 찾고 맛있는 비빔밥을 만들어 성공적으로 프로젝트를 마무리

위 예시를 참고해 더욱 설득력 있는 자기소개서를 작성하기 위해서 소제목과 두괄식 구성 그리고 배운 점을 추가하면 된다.

〈STAR 기법을 활용한 사례〉

소제목	우정이라는 고추장으로 비빈 비빔밥
첫 문장(두괄식 구성)	학교 체육대회에서 학과 학우들과 함께 100인 비빔밥 프로젝트를 기획해 성공시킨 경험이 있습니다.
상황제시(문제)	체육대회가 열리던 날 호텔조리학과의 단합된 모습과 협동심을 이끌어 내기 위해 100인 비빔밥 만들기를 기획했습니다. 하지만 역할분담에서 서로 불만을 제시했고, 대량 음식을 만들어 본 경험이 없어서 제대로 맛을 낼 수 있을지 의문이 들었습니다.
행동(극복방법)	우선 불만을 제거하기 위해 희망 포지션 투표를 경매형식으로 진행했고, 급식업체에 일하는 선배의 자문을 구했습니다.
결과	모두가 즐겁게 역할을 분담했고, 맛있게 비빔밥을 만들어 성공적으로 프로젝트를 완료했습니다.
느낀점	문제가 발생했을 때 혼자가 아니라 다수가 모였을 때 보다 빨리 해결방안을 찾을 수 있다는 점과 소통을 통한 리더십의 중요성을 깨달았습니다.
활용방안	주방에서 발생할 수 있는 문제들을 동료들과의 소통을 통해 빠르게 해결할 자신이 있습니다.

"소제목 / 두괄식 구성을 위한 첫 문장 / 상황 / 행동 / 결과 / 느낀점 / 활용방안" 순서로 먼저 작성을 해 본 후 내용을 조금씩 다듬고 더 구체적으로 작성하면 자기소개서를 좀 더 쉽게 작성할 수 있을 것이다. 그리고 기업에서 원하는 핵심 요소들을 모두 포함시킨 자기소개서를 완성할 수 있을 것이다.

연습하기 STAR 기법을 이용한 자기소개서 작성을 위한 틀을 작성해 보자.

소제목	
첫 문장 (두괄식 구성)	
상황제시(문제)	
행동(극복방법)	
결과	
느낀 점	
활용방안	

2) 효과적인 소제목 설정

소제목 작성이 자기소개서 작성에 있어서 필수 조건은 아니다. 하지만 잘 쓴 소제목은 인사담당자에게 궁금증을 유발하며 지원자의 강점을 극대화시킬 수 있으므로 활용하는 것도 좋은 방법이다. 또한 타 지원자보다 눈에 띄는 소제목으로 인사담당자에게 확실한 인상을 남길 수도 있으며 작성한 자기소개서 내용을 한 눈에 보여줘서 읽기 편하게 만드는 장점도 있다. 하지만 짧고 강한 인상을 주는 소제목을 만들어 낼 자신이 없다면 쓰지 않아도 된다. 내용을 단순히 요약하거나 남들과 크게 차별화되지 않은 지루한 소제목은 오히려 자기소개서 내용을 읽기도 전에 지루함을 느끼게 할 수도 있기 때문이다.

센스 있는 소제목을 설정하기 위해서 기업의 새로운 슬로건이나 매체 광고를 활용하는 것도 좋은 방법이다. 이때 주의할 점은 광고나 슬로건의 앞 혹은 뒤 문장을 살짝 바꾸거나 새로운 단어를 만드는 등 그대로 베끼지 않는 것이다. 또한 나의 강점과 성향, 그리고 성과를 한눈에 볼 수 있는 소제목이면 인사 담당자에게 더 확실히 기억이 될 수 있을 것이다. 마지막으로 적극적으로 소제목을 사용하는 이들로부터 영감을 받는 것이다. 신문기사를 작성하는 기자들은 많은 사람들이 자신의 기사를 읽게 만들기 위해 기사 제목을 작성하는 데 많은 시간을 할애할 것이다. 자기소개서 작성 후 소제목을 작성하기 위해서 신문기사들의 제목들에 집중해 보자. 그냥 넘겨버리는 지원서가 아니라 확실히 기억하며 꼼꼼히 살펴보는 지원서가 되기 위해서 소제목을 영리하게 활용해 보도록 하자.

연습하기 **아래의 소제목 작성 방법에 따라 소제목 만들어보자.**

반어법을 활용한 소제목	
기업 홍보 및 광고 활용한 소제목	
기업 비전 및 가치관을 활용한 소제목	
신문기사 제목을 활용한 소제목	

3. 자기소개서 항목별 전략

1) 성장과정

"성장과정"을 대표하는 기업의 자기소개서 항목
"살아오면서 본인의 가치관에 큰 영향을 준 일에 대해 자세히 기술해 주십시오."_롯데그룹
"본인의 성장과정을 간략히 기술하되 현재의 자신에게 가장 큰 영향을 끼친 사건, 인물 등을 포함하여 기술하시기 바랍니다.(※작품 속 가상인물도 가능)"_삼성그룹
"본인의 성장과정에서 가장 기억에 남는 경험은 무엇이었나요? 그 이유와 과정 속에서 본인이 했던 행동과 생각, 이를 통해 느끼고 배운 점을 구체적으로 기술하시오."_아모레퍼시픽
"성장과정에서 부모, 가족으로부터 가장 인상적인 경험을 구체적으로 기술하여 주십시오."_한국콜마홀딩스(주)
"성장과정을 기술하되 본인의 가치관 형성에 영향을 미친 주요 사건 또는 경험을 중심으로 기술하시오.(기존의 자기소개서 형식을 벗어나 산문 형식으로 작성할 것. 사건 및 경험은 복수여도 무방)"_대한제강(주)

성장과정은 어렸을 때부터 지원하는 시점까지 있었던 일들을 연대기 순으로 작성하는 항목이 아니다. 아직도 '1남1녀 중 장남으로 태어나 엄격하신 아버지와 인자하신 어머니 사이에서 자라....'와 같은 성장과정을 쓰는 사람은 없을 것이다. 위 "성장과정"을 대표하는 기업의 자기소개서 항목을 살펴보면 성장과정 항목에 어떤 내용을 작성해야 하는지 알 수 있을 것이다.

가장 많은 기업에서 원하는 성장과정은 현재의 지원자의 성격 혹은 가치관 등을 있게 만든 사건이나 경험이 무엇이었는지를 작성하도록 하는 것이다. 자기소개서를 통해서 인사 담당자는 지원자의 표면적인 삶이 아니라 살아온 과정을 통해서 현재의 지원자가 해당 기업이나 직무에 얼마나 적합한 인재로 성장했는지가 궁금하다. 다만 작성을 할 때 불우했던 환경에 대해 너무 신세한탄을 하는 것과 지원 시점으로부터 1,2년 전쯤 성인이었을 때 있었던 일을 작성하는 것은 피하는 것이 좋다. 또한 지금의 나의 가치관을 형성하게 해 준 사건이나 경험뿐만 아니라 현재 지원하는 직무에 대해 관심을 가지게 된 경험이나 사건을 성장과정에서 드러내도 괜찮다. 이를 통해 희망 직무에서 적합한 인재라는 것을 보여줄 수 있다.

성장과정을 작성할 때도 역시 지원 기업의 인재상이나 직무 역량을 우선 살펴보고 그중 키워드를 선정해 작성하는 것도 좋은 방법이다.

2) 성격의 장단점

"성격의 장단점"을 대표하는 기업의 자기소개서 항목
"성격의 장 · 단점 및 보완노력에 대하여"_GS리테일
"본인 성격의 장점과 단점은 무엇인지, 장점으로 인해 도움이 되었던 경험과 단점으로 인해 어려움을 겼었던 경험에 대해 서술해 주세요."_대구은행
"본인의 장/단점과 입사 후 장점은 어떻게 활용되고, 단점은 어떻게 보완할 수 있겠는지를 기술하세요."_(주)두산

"자신의 성격 중 가장 자랑하고 싶은 점과 바꾸고 싶은 점들을 그 이유와 함께 적어주세요."_(주)넥슨코리아

"아래의 단어를 기준으로 당신의 성격을 점수로 표현하고, 성격의 장단점에 대해 간략히 기술하시오.(외향성/호기심/배려심/정서적인안정성/성실성)"_코오롱패션머티리얼(주)

"본인의 강점과 약점은 무엇이며, 그 강점이 앞으로 당사와 본인의 발전에 어떻게 기여 할 수 있는지 기술하여 주십시오."_한미약품(주)

먼저 장점을 작성하는 데 있어서 가장 중요한 것은 장점에 대한 확실한 근거가 있어야 한다는 것이다. 근거 없이 본인의 장점을 주장하는 것은 읽는 이에게 신뢰를 주기 어렵다. 여기서 말하는 근거란 장점을 충분히 발휘한 경험을 의미한다. 기업의 자기소개서 항목 예시를 살펴보면 "장점과 장점을 발휘한 경험을 사례를 통해 구체적으로 작성해 주세요."라고 이야기하고 있다. 또한 과장하는 것이 아니라 솔직하게 작성을 해야 추후 면접을 보는 자리에서 이를 확실하게 증명할 수 있다는 것도 참고해야 한다.

또한 내가 가지고 있는 장점이 과연 지원하는 기업과 희망 직무에서도 원하는 장점이 될지 고민을 먼저 해 보아야 한다. 그래서 자기소개서 작성 전 본인의 역량과 직무 역량 그리고 기업의 인재상을 매칭하길 권유한 것이다. 기업은 단순히 많은 장점을 가진 사람을 원하는 것이 아니라 기업에서 적극적으로 활용할 만한 장점을 가진 사람을 원하는 것이다. 실제 많은 기업의 자기소개서 항목을 살펴보면 지원자의 장점이 무엇인지 묻는 것에서 끝나지 않고 이 장점을 입사 후 어떤 식으로 발휘할 수 있는지도 함께 묻고 있다. 이제 장점 작성 전 반드시 본인의 장점이 기업과 희망직무에 잘 어울리는 장점인지 따져보고 작성하길 바란다.

장점보다 더 작성하기 어려운 것이 단점이다. 어떤 단점을 써야 덜 부족해 보일지 많은 고민을 하면서 쉽게 쓰지 못하는 부분이 단점이다. 하지만 단점이 없는 사람이 어디 있겠는가. 단점은 있는 그대로 솔직하게 작성하는 것이 좋다. 하지만 피해야 하는 단점은 분명히 있다. 직무를 수행함에 있어 걸림돌이 되는 단점은 피

해야 한다. 예를 들어 영업직에 지원하는 지원자가 '낯을 많이 가린다'와 같은 단점을 작성한다면 분명 입사에 좋은 점수를 받지 못할 것이다. 또한 단점 작성 후에는 이 단점을 개선하기 위해 어떤 노력을 하고 있는지 충분히 작성해야 한다.

3) 학창시절 및 사회활동

"학창시절 및 사회활동"을 대표하는 기업의 자기소개서 항목
"본인의 인생에서 가장 큰 성취의 경험과 실패의 경험을 적고, 그 경험을 통하여 본인이 느끼고 배운 점에 대하여 자유롭게 기술해주시기 바랍니다.(핵심위주로 근거에 기반하여 간략하게 기술 부탁드립니다.)"_LG전자
"최근 5년 동안 귀하가 경험한 대표적인 실패사례는 무엇이며, 이를 극복하기 위해 어떤 일을 하였는지 기술해 주십시오."_샘표
"혼자가 아닌 Team을 이루어 수행한 일 중에서 성공한 사례와 그 이유에 대해 기술해 주십시오. 단, 수업관련 Report, 팀구성 사례는 제외."_하나은행
"도전적인 목표를 정하고 열정적으로 일을 추진했던 경험을 한화의 핵심가치(도전, 헌신, 정도)와 관련 지어 구체적으로 작성해주시기 바랍니다.(목표내용/ 목표를 설정한 이유 / 구체적 노력 / 최종결과 등)"_한화테크윈
"지금까지 학업 이외에 스스로 이루어낸 성공 중 가장 의미있는 경험을 서술하고, 성공을 위한 노력과 그 과정 속에서 성장한 본인의 모습을 구체적으로 서술하여 주시기 바랍니다."_코웨이(주)

학창시절 및 사회활동 항목은 크게 성공한 경험과 실패한 경험을 작성하는 것으로 나뉘고 그 안에서 세부적으로 기업의 인재상이나 핵심가치와 연관된 경험을 요구한다. 학창시절 경험했던 여러 경험 중 가장 인상 깊은 경험을 과정과 결과, 그 과정에서 배운 점을 구체적으로 작성하면 된다. 이때 기업의 인재상이나 가치와 연관 지어 작성하면 더 완벽한 내용이 될 것이다. 그리고 학창시절 항목에서 인사담당자가 주목하는 점은 결과보다는 과정을 통해 배운점이라는 것과 어떤 일에 몰입해 열정적으로 과업을 수행했다는 것이라는 것을 잊지 말자. 그리고 혼자 수행하

거나 경험한 일보다는 팀을 이루어 진행한 경험이 타인과의 관계에서 지원자의 역할을 잘 보여줄 수 있어서 더 좋을 것이다. 또한 전문성을 강조해야 하는 직군인 경우 직무관련 프로젝트 경험이나 연구실에서 일해 본 경험, 실습 혹은 인턴 경험 등을 적극 살리는 것도 좋은 방법이다. 하지만 신입 지원자의 경우 직무와 연관성이 높은 사회경험이 없는 경우가 많으므로 이럴 땐 직무 수행에 적합한 인성적인 강점을 어필할 수 있는 경험을 작성하면 된다.

4) 지원동기

"지원동기"를 대표하는 기업의 자기소개서 항목
"본인이 회사를 선택할 시 기준은 무엇이며, 당사가 그 기준에 적합한 이유와 근거를 기술하세요."_포스코, 샘표, ㈜한국야쿠르트, 현대자동차, S-OIL(주), ㈜하나투어, 아모레퍼시픽
"많은 직업 중 손해사정업을 선택하려는 이유와 그 중에서도 왜 삼성화재서비스에 입사하고자 하는지 진솔하게 기술하여 주십시오."_삼성화재서비스
"귀하가 지원한 직무는 무엇이며, 해당 직무에 관심을 갖게 된 계기와 이를 잘 수행할 수 있다고 생각하는 이유를 본인의 역량, 준비과정 및 관련 경험을 근거로 서술해 주십시오."_금호아시아나그룹
"지원분야에 있어 가장 중요한 실무역량이 무엇이라고 생각하는지 정의하고, 그에 따라 본인의 역량 수준을 점수화(100점 만점 기준)하여 주시기 바랍니다. 그리고 본인이 현재의 역량을 보유하기 위해 과거에 어떤 노력을 해 왔는지 사례를 들어 상세히 기술하여 주십시오."_마이다스아이티
"대웅제약에 지원한 이유는 무엇인가요? '회사의 어떤 점이 좋아서, 회사로부터 무엇을 얻고 싶어서' 등의 관점이 아닌 회사에 기여할 수 있는 바를 기술해주시기 바랍니다. 그리고 그것이 상대(회사)가 원하는 것일 거라고 생각하는 이유와, 지원자와 회사의 그러한 관계를 통해 사회와 고객에게 어떤 이득이 있을 것이라고 생각하는지 기술해주시기 바랍니다."_(주)대웅제약

지원 동기는 말 그대로 지원한 동기에 대해 묻는 항목이다. 해당 기업에 왜 지원했는지, 희망 직무에 왜 지원했는지를 작성하길 요구하며 여기에 직무를 수행하기 위해 준비한 것들을 추가해서 작성하면 된다.

기업을 선택한 이유에 대해서는 앞서 제시한 기업의 자기소개서 항목을 참고하면 된다. 다수의 기업에서 당 회사를 선택한 이유를 일반적인 회사를 선택할 때의 기준과 함께 작성하길 바라고 있다. 회사가 추구하는 핵심가치와 지원자의 가치관이나 신념을 비교해 작성하는 것도 좋고, 회사와 지원자 사이의 개인적인 경험을 풀어내는 것도 좋은 방법이다. 혹은 기업에 대한 사전 조사를 통해 인상적이었던 사회공헌 활동이나 사업 등을 살펴본 후 지원자의 신념과 연관시켜 작성하는 방법도 있다. 그리고 이어 지원 직무를 선택한 이유는 관심을 갖게 된 계기를 작성하며 반드시 지원하기 위해 준비한 것들을 구체적으로 작성해야 한다. 직무 수행을 위해 지원자들이 노력한 점에 대해서 작성할 시에는 지식, 기술, 태도면에서 어떤 노력을 했는지 작성해야 한다.

연습하기 지원동기 작성을 위한 기초 작업으로 아래의 빈칸을 채워 보자.

<table>
<tr><td>희망직무</td><td colspan="2"></td></tr>
<tr><td rowspan="3">직무수행을 위해 보유하고 있는 필요한 요소</td><td>지식</td><td></td></tr>
<tr><td>기술</td><td></td></tr>
<tr><td>태도</td><td></td></tr>
<tr><td>직무관련 경험 (구체적)</td><td colspan="2"></td></tr>
<tr><td>직무관련 교육 (구체적)</td><td colspan="2"></td></tr>
</table>

5) 입사 후 포부

"입사 후 포부"를 대표하는 기업의 자기소개서 항목
"본인의 입사 후 포부 및 향후 자기계발 계획에 대해서 구체적으로 기술해 주십시오"_제주항공
"10년 후 회사 내 나의 모습을 그려보시오."_KT커머스
"삶을 통해 이루고 싶은 인생의 비전 또는 목표 3가지를 우선순위 순으로 적어 주십시오."_이랜드그룹
"본인이 지원한 분야의 기획자라면 가장 먼저 무엇을 해보고 싶은가요? 무엇을 바꾸고 싶은가요?"_(주)NAVER
"당사 제품, 전략 등 당사 사업 영역과 관련하여 본인이 생각하는 발전방향을 제시하고 이유를 기술해 주십시오."_(주)한국야쿠르트
"모두투어네트워크에서 지원자의 5년, 10년, 20년 경력개발계획에 대해 구체적으로 기술해주세요."_(주)모두투어네트워크

회사에서 직접적으로 일을 해 본 적이 없는 지원자들의 입장에서 입사 후 어떤 식으로 성장해 나갈 것인지를 작성하라고 하는 것이 매우 어렵게 느끼는 것이 당연하다. 하지만 기업에서 중요하게 생각하는 항목 중 하나가 입사 후 포부이며 그 말은 중점적으로 살펴보겠다는 의미이므로 지원자들은 보다 신중하고 신경을 써 이 항목을 작성할 필요가 있다.

입사 후 포부를 작성할 시 중요한 점은 구체적인 포부가 나타나야 하며, 지원 직무와 기업의 발전에 이바지할 만한 방향을 제시해야 하는 것이다.

인사 담당자는 지원자가 '열심히 하겠습니다.', '맡은 일에 최선을 다하겠습니다.'와 같은 포괄적이면 추상적인 포부를 이야기하길 바라는 것이 아니라 입사 후 본인의 비전을 구체적으로 제시하며 어떤 방법으로 스스로를 발전시킬 것인지 작성해 주길 바란다. 이를 위해서는 본인이 지원하는 직무가 정확히 어떤 업무를 하는지 알고 있어야 하며 이는 지원 직무에 대한 지원자의 관심과 열정을 의미하기도 한다. 구체적인 입사 후 포부를 작성하기 위해 5년 혹은 3년 단위로 끊어서 계획을 작성해 보는 것도 좋다. ㈜모두투어의 경우 5년, 10년, 20년 경력개발계획을 작성해 달라고 요청하며 KT커머스의 경우 10년 후 회사 내 본인의 모습을 그려 보라고 요청하고 있다. 이처럼 입사 후 포부에 시기별로 자신이 이루고 싶은 목표를 작성하는 것도 좋은 방법이라고 본다. 다만 일반적인 기업에서 5년 후, 10년 후에 어떤 위치에서 어떤 업무를 하게 될지 사전 조사는 필요하다.

그리고 기업은 지원자가 입사 후 회사의 발전에 얼마나 기여할 수 있을지와 평소 지원 기업과 직무에 얼마나 많은 관심이 있었는지를 입사 후 포부 항목에서 확인하고자 한다. 많은 기업에서 지원가가 지원하는 직무와 연관된 사업 분야에서의 구체적인 비전을 작성하길 요구하고 있다. 인사 담당자가 원하는 답변을 잘 작성하기 위해서는 우선 해당 기업에서 현재 주력하고 있는 사업 중 희망 직무와 관련성이 높은 분야에 대한 정보 수집이 우선되어야 한다. 그 후 조사한 정보와 본인이 가진 역량(기술, 지식, 태도)과 연관시켜 새로운 아이디어를 만들어 제시하는 것이 가장 좋다.

Chapter 12

5W4H1T를 활용한 제안서 작성하기

1. 제안서의 개념과 유형

제안서는 업무용 글쓰기의 하나로 제안자가 특정 목적을 달성하기 위해 의사결정권자에게 문제사항에 따른 해결책을 제시하여 제출하는 문서이다. 제안서는 목적에 따라서 그 유형이 매우 다양하지만 제안자와 의사결정권자의 관계를 중심으로 나누면 크게 조직 내 제안서와 조직 밖 제안서로 나누어 볼 수 있다.

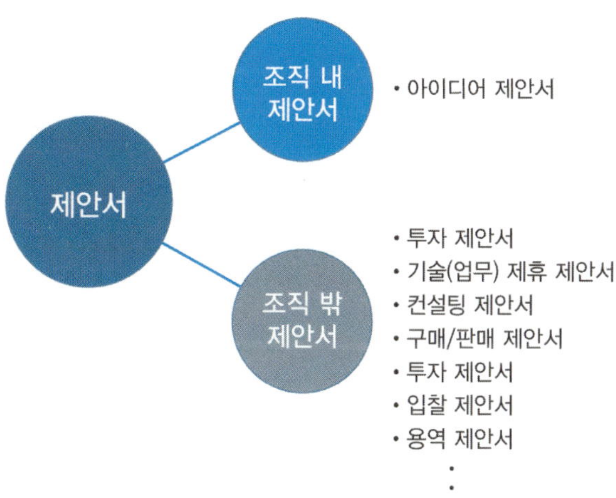

1) 조직 내 제안서

조직 구성원이 작성하고 채택되면 조직 안에서 실행이 이루어지는 제안서로 아이디어 제안서라고도 부른다. 조직 내에서 업무환경 개선이나 업무절차 개선 등을 요구하는 내용이 주를 이룬다. 건의서와 비슷하다고 볼 수 있으나 건의서는 불편 및 고충 사항을 이야기하는 것이라면 제안서의 경우 현황과 아울러 개선 방법과 개선 후 기대효과, 이에 따르는 비용 등도 함께 기술한다는 점에서 차이가 있다. 제안서는 독자가 되는 의사결정권자가 문제점을 인식하도록 돕고 제안자의 의사가 반영된 의사결정을 하도록 하는 문서라고 할 수 있다. 조직의 규모가 클수록 다양한 조직원들의 창의적 생각을 반영하여 효율적이고 유연성 있는 조직 운영을 위해 제안서의 양식을 비치하고 조직원들에게 제안을 하도록 적극 권장하기도 한다.

이러한 아이디어 제안 제도의 시작은 일본의 에도시대로 올라간다. 최고 권력자라고 일컬어지는 쇼군(장군)이 통치하던 시대로 경직된 조직 내에서 쇼군에게 의사전달을 하는 사람이나 전달 내용과 절차는 한정되었다. 그래서 쇼군은 민심이나 조직의 말단부의 상황을 알지 못했다. 이러한 폐단을 해결하기 위해 목안상(木安箱)이라는 나무상자를 두고 누구나 고충을 적어 넣도록 하여 쇼군이 직접 관리하며 현장 실무의 고충을 파악하였다.

이렇게 제안서는 상급 관리자나 업무 관계자 하고만 의사소통이 이루어지는 경직된 조직 안에서 다룰 수 없는 내용을 업무의 총괄 책임자에게 전달하여 업무의 효율성을 높이는 것을 목적으로 하고 있다. 일반적인 업무절차는 직제 내에서 이루어지는 데 제안서는 직제를 초월하여 제안자나 제출처에 대한 제한이 없다. 업무에 포함되지 않지만 조직의 업무 효율을 도모하는 것이 목적이므로 제안자의 능력을 의사결정권자에게 단시간에 보여줄 수 있다는 이점이 있다.

제 안 서

제안일: 20년 **월 **일**

제안명	결혼 축의금 지급의 형평성 문제 해결 제안		
제안자	홍길동	**소속**	영업과
현황 및 문제점	1. 현재 사규에 의해 결혼하는 사원에게는 축의금 100만 원과 10일간의 결혼 특별 휴가, 그리고 20만 원에 상당하는 화환을 대표자 이름으로 전달하고 있습니다. 이 규정이 처음 만들어진 30여년 전에는 '비혼'이라는 개념이 없었던 때로 형평성에 아무런 문제가 없었습니다. 2. 그러나 요즘 15년 이상 장기 근속한 사람을 대상으로 하여 보면 비혼자가 전체 사원의 30%(90명)에 이르고 있습니다. 이들은 이미 비혼을 선언한 사람들입니다. 3. 비혼자라고 해서 회사에 대한 기여도가 혼인자들보다 낮은 것도 아닐 뿐만 아니라 오히려 더 높을 수도 있습니다. 그런데 이들은 비혼이라는 이유로 퇴직할 때까지 기혼자들이 받았던 혜택을 받지 못하는 차별적 요소가 있습니다. 그러므로 비혼자를 위한 복지 규정을 새로 만들어서 동등한 복지혜택을 누리도록 하는 것이 필요합니다.		
개선 방안	사원 후생 복지 규정에 다음과 같은 내용을 신설하여 실시하여야 합니다. 제 **조 장기 근속 비혼자 특별 상여금과 휴가 제공 1. 15년 이상 장기 근속한 비혼자가 신청할 경우 득별싱어금 100만 원과 특별휴가 10일을 제공한다. 2. 비혼자 중에서 '장기 근속 비혼자 특별 상여금과 휴가'를 받은 사람은 결혼을 하더라도 결혼 축의금과 특별 휴가를 신청하여 받을 수 없다. 3. 신청자는 휴가 개시일 2개월 전에 신청하고 결재자는 신청일로부터 2주일 이내 결재를 하여 업무에 차질이 없도록 만전을 기한다. 4. 휴가나 상여금은 자유로 사용하고 보고서를 제출하지 않는다.		
소요 예산	9,000만 원(현 비혼자가 모두 신청할 경우) 90명 * 100만 원		
기대 효과	1. 장기 근속 비혼자들에게 특별 휴가 및 상여금을 지급하므로써 기혼자와 비혼자 간의 복지혜택의 형평성 문제를 해결할 수 있습니다. 2. 15년 이상 장기 근속자들이 대부분 중간 관리직 이상의 직책을 맡고 있습니다. 10일 동안의 특별 휴가와 100만 원의 상여금 지급은 휴식을 통한 재충전으로 업무의 집중도를 높일 뿐만 아니라 아이디어 창출로 회사의 발전에 더욱 기여할 것으로 기대합니다.		

2) 조직 밖 제안서

조직 밖 제안서는 컨설팅 제안서처럼 제안사가 보유하고 있는 인력, 기술, 지식 등을 활용하여 사업을 의뢰한 고객사의 문제를 어떤 방법으로 해결해 줄 수 있는지 제시하는 문서이다. 아이디어 제안과 달리 주요 업무에 해당하고 자신이 속한 조직의 사활이 걸릴 수도 있다. 제안의 목적의 따라서 기술(업무)제휴 제안서, 컨설팅 제안서, 구매 제안서, 판매 제안서, 투자 제안서, 입찰 제안서, 용역 제안서 등 종류가 다양하다. 사업 시행에 이르기 전에 발주사와 제안사의 의견 형성을 위한 1차적 도구이며 일종의 계획서의 일환으로 활용되기도 한다. 제안서를 고객사에서 채택하면 일종의 기업 간 약속이 되어 계약서와 같은 법적 효력이 있으나 계약서의 내용이 제안서보다 우선 보호받는다.

기술(업무) 제휴 제안서는 회사 간, 단체 간 혹은 정부와 단체 혹은 회사가 일정한 역할을 정하고 그 이익을 공평하게 나누는 것을 목적으로 작성한다.

투자 제안서는 개인이나 금융기관, 기업 등을 대상으로 투자를 받는 것을 목적으로 작성한다. 그러므로 투자를 하고자 하는 개인이나 기관이 투자처에 대한 기술이나 재무구조 등에 신뢰를 할 수 있고 향후 사업에 대한 수익성을 확신할 수 있도록 투자 대상 아이템과, 마케팅 계획, 재무 계획 등을 포함하여 작성한다.

컨설팅 제안서는 고객사가 안고 있는 문제점 등을 인지하고 문제점을 해결하기 위한 내용을 제안하는 문서이다. 컨설팅 수행방법과 추진조직의 구성 및 역할, 소요 일정과 비용, 기대 효과 등을 기술한다.

입찰 제안서의 경우 공공기관이나 큰 기업으로부터 용역을 받아 특정 목적 사업을 수행하기 위해 작성하는 문서이다. 규모가 큰 사업일수록 입찰 제안이라는 경쟁을 통하여 수주를 받는다. 정해진 기간 안에 특정 사업을 시행할 능력이 있음을 보여 주어야 하기 때문에 특정 사업 진행을 위한 기간과 비용 및 진행과정 등을 상세하게 기술한다. 다른 업체와의 기술이나 비용 면에서 차별성이 나타나도록 기술해야 한다.

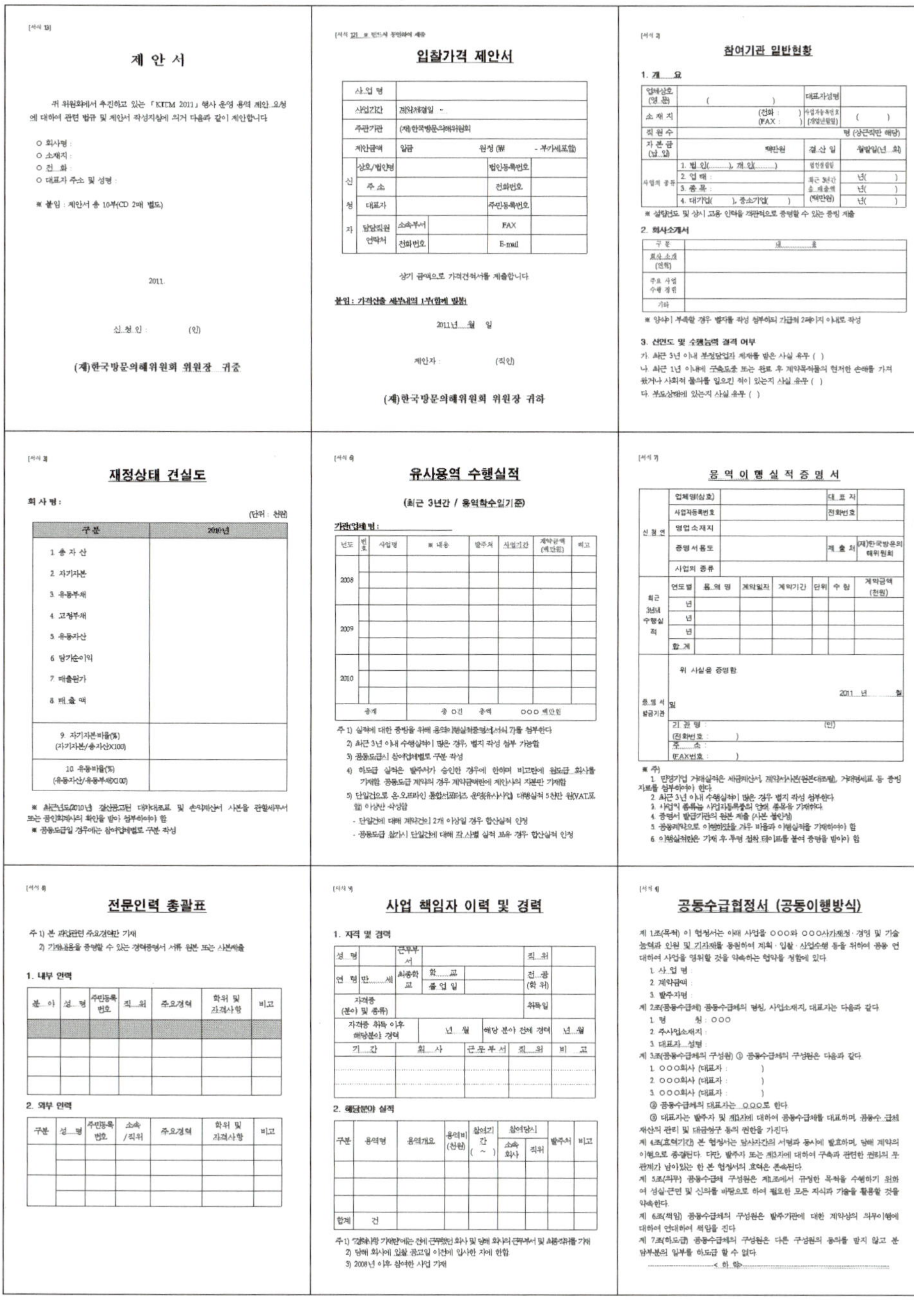

* (재)한국방문위원회에서 행사운영용역에 입찰하라는 제안 요청서에 첨부된 용역입찰제안서의 서식 일부이다. 제안요청사에서 행사운영에 대한 자세한 용역내용이 제시되어 있고 가격입찰서와 제안사의 실행능력을 평가할 자료들을 요구한 예이다. 그럼에도 용역내용에 대한 수행계획서를 타 제안사의 서비스와의 차별성을 드러나도록 작성하여 별지에 첨부하여 제안사가 채택되도록 하는 노력이 필요하다.

2. 제안서 내용 요소(5W4H1T)

제안서를 작성하기 전에 어떤 내용을 담아야 하는지를 생각하고 그에 맞는 자료를 수집해야 한다. 이러한 내용 요소가 업무용 글쓰기의 십하원칙인 5W4H1T이다. 5W4H1T는 사건의 내용을 정확하게 전달하는 기사문 쓰기의 내용 요소인 육하원칙(5W1H)과 그 역할이 비슷하다. 즉 사건을 서술하기 위해 '언제, 어디서, 누가, 어떻게, 왜, 무엇을'이라는 주요 내용을 마련한 후에 신문기사의 형식적 구조에 맞추어 읽기 편하게 논리적으로 구성하는 것과 같다. 제안자의 의견이 업무의 효율이나 이익 증대를 가져올 수 있다는 것을 설득력 있게 보여주기 위해서 5W4H1T 내용 요소를 염두에 두고 제안서를 작성한다.

5W
- Who
  - 독자가 누구지?
- Why
  - 글을 왜 쓰지?
- What
  - 어떤 내용을 담자?
- Where
  - 어디에서 실행해?
- When
  - 언제 실행하지?

4H
- How
  - 어떻게 실행하지?
- How many
  - 글의 분량은?
- How much
  - 실행 비용은?
  - 투자 이익은?
- How long
  - 실행 기간은?

1T
- Target
  - 실행 목적은

1) Who-누가 이 글을 읽을 것인가?

제안서는 제안 대상자의 요구를 알고 제안자의 인적·물적 자원 그리고 경험과 기술로 그 요구를 해결할 수 있다는 것을 보여주는 글이다. 그러므로 제안서를 읽는 제안 대상자가 무엇을 원하는지를 알고 쓰는 것이 중요하다. 예로 입찰제안서의 경우를 보면 제안 대상자인 발주사가 원하는 것이 최저 가격인지 최고 기술인지에 따라서 부각하여야 할 내용이 달라지기 때문이다. 제안대상자의 요구나 욕망에 벗어난 제안서는 채택되지 않는다.

작성 Tip

- 공식적인 글이므로 공손함이나 격식성의 정도를 조절해야 한다.
- 독자의 배경 지식 정도에 따라서 전문 용어를 사용할지 전문 용어를 풀어서 기술할지 결정한다.
- 독자를 배려하여 기존의 장치나 시스템의 개선을 지적할 때는 비난투의 말이 아닌 장단점을 소개하고 단점을 부각하는 것이 좋다.

2) Why-글을 왜 써야 하는가?

제안서를 쓰는 목적에 따라서 그 이유가 달라진다. 예를 들어 업무효율을 높이기 위한 아이디어 제안서나 컨설팅 제안서의 경우는 제안자가 발견한 문제 상황을 독자인 의사결정권자도 인식하여 개선하도록 하기 위해서 제안서를 쓴다. 그러므로 제안서를 작성한 의도나 이유와 배경 등이 드러나게 써야 한다. 독자가 현재 당면한 문제를 인식하도록 문제 발생의 원인과 그 문제를 방치했을 때의 비효율성으로 인한 악영향 등도 기술한다. 당장 개선해야 할 필요성을 알리는 것이 목적이기 때문이다. 현재 당면한 문제 상황을 독자가 인식하지 못했거나 인식했더라도 그 중요성에 대한 인식이 부족할 수 있다.

투자 제안서의 경우는 제안자가 독자인 제안 대상자로부터 투자금을 받아서 사업을 시작하거나 확장하기 위해서 쓴다. 제안자가 이익을 가져올 만한 대상이나 기술이 있음을 보여 주어야 한다. 그리고 시장의 동향까지도 제시하여 제안자가 보유한 대상품이나 기술이 이익창출에 크게 기여할 것이라는 기대감을 갖게 한다.

작성 Tip

- 제안자가 발견한 문제 상황에 대해 이미 지적받았던 사례가 있는지 살펴봐야 한다.
- 문제 상황을 지적받고도 개선하지 않은 이유를 분석하는 것도 필요하다.
- 또는 지적받고 개선노력을 했으나 개선되지 않은 경우라면 그 원인을 파악하여 제안사가 제안하는 내용과 기존의 내용의 차별성도 부각해야 한다.

3) What-글에 무엇을 담아야 하나?

제안서에 담아야 할 내용은 제안 대상자나 제안자가 제시한 문제 상황에 대한 해결책이다. 해결책을 제시할 때는 주제가 명확하고 실행 가능한 것으로 작성해야 한다. 또한 객관적인 자료를 바탕으로 해야 실행 가능성에 대한 신뢰를 얻을 수 있다.

예를 들어 제안사가 자동차 리스회사이며 제안 대상자인 고객사는 자동차를 임대하여 사용하지 않고 구입하여 사용하고 있다면 제안사는 고객사에게 리스 자동차 사용을 제안할 것이다. 이때 제안사는 자동차 구입 및 평균 5년간의 인적, 물적 관리 비용을 객관적으로 제시하고 5년간 제안사의 서비스 내용과 고객사에서 지불해야 할 자동차 임대 비용을 함께 제시하여야 한다. 이는 고객사가 두 자료를 대조하여 리스의 효율성을 객관적으로 판단하여 제안사의 의견을 받아들이도록 하기 위해서다.

4) Target-지향점

문제점을 해결을 위한 방안이 제안서의 내용이라면 그 문제를 해결하므로 더 좋아지는 지향점인 목표를 말한다. 예를 들어 어떤 학생의 수학 점수가 현재 평균 75점으로 90점까지 올려야 하는 문제가 있다. 이를 해결하기 위해 학생의 학습행동을 관찰한 후에 오답노트 작성이나 문제를 푸는 절차 개선과 같은 습관을 길러주는 방안을 제시한다면 문제 해결의 목표는 성적향상이 되는 것이다. 조직에서의 문제 해결의 목표는 수익 증대, 비용 감소, 업무 효율 등을 제시할 수 있다. 그러므로 문제를 인식하고 해결 방법을 모색할 때 최종 지향점이 무엇인지 생각해야 한다.

5) Where

문제해결의 방법에 따라서 장소에 대한 고민이 필요하다. 기초자료조사 단계부터 행사 장소, 구조물이나 기계 설치 장소, 물품 판매 장소, 물품 구입처, 자금이나 인력 도입처 등에 대한 현장조사까지도 필요한 경우가 있다. 장소에 따라서 실행비용이나 기대효과 등이 달라지기 때문이다. 예를 들어 어떤 행사의 운용 용역을 수행할 장소가 호텔인지 체육관인지에 따라서 참여 인원 수, 비용, 행사 분위기 등이 매우 다를 수밖에 없다.

6) How many

제안서의 분량도 생각하고 내용을 구성해야 한다. 아이디어 제안서와 같이 1쪽짜리 제안서라면 핵심내용을 중심으로 간략하게 써야 한다. 그러나 앞서 제시한 용역 입찰 제안서의 경우를 보더라도 십수장이 넘는 첨부 서류 및 자료 등도 준비해야 한다. 이러한 경우 기초자료 수집 단계부터 입찰 마감시간에 맞추어 작성 일정을 짜고 준비야 한다. 또한 제안대상자가 원하는 분량에 따라서 기술의 상세 정도나 내용의 구성이 달라진다.

작성 Tip

- 분량이 많은 제안서의 경우 여백이 있더라도 one page one idea의 원칙에 따라 작성하는 것이 좋다. 문자로 가득찬 10쪽 분량보다 여백이 있는 30쪽 분량이 독자의 입장에서 보면 내용 파악이 더 쉽기 때문이다.
- 참고자료의 경우는 본 내용에 포함하면 분량이 너무 많아질 수 있으므로 부록 형태로 첨부하는 것이 제안서를 읽는 독자가 내용을 파악하는 데 도움이 된다.

7) How-어떻게 실행할 것인가?

제안서는 문제 상황을 해결하기 위하여 새로운 방법을 도입하거나 이제까지 하던 과정에서 무엇인가를 가감하거나 대체하여 실행해야 하는 내용이 들어가야 한다. 이러한 실행 내용에는 실행 방법이나 절차, 도구 등을 자세하게 기록하여야 그 실현 가능성에 대한 신뢰도를 높일 수 있다. 좋은 해결 방안이더라도 실행 방법 등이 상세하지 않으면 실행에 오류를 가져와서 제시한 기대효과를 볼 수 없기 때문이다.

8) How much-비용은 얼마나 들고 얼마나 벌 수 있을까?

문제 해결 방법에 따라서 비용이 들어가기 때문에 이를 기술해야 한다. 매출 상승을 목적으로 광고 방법을 개선한다면 광고 비용이 달라질 수 있으므로 그 비용에 대한 것과 상승하는 매출액과 기대되는 매출 이익금도 기술해야 한다. 비용이나 기대 이익에 대해서는 최대한 상세하고 확실한 근거를 제공해야 제안서를 읽는 독자가 실행 비용을 투자할 만하다고 느낄 것이다. 금액에 관한 부분은 제안 대상자의 의사결정에 매우 중요한 요소이므로 검토단계에서 오류가 없는지 반드시 꼼꼼하게 살펴봐야 한다.

9) When-언제 어떤 일정으로 실행할 것인가?

제안 내용에는 실행하는 일정을 기술해야 한다. 제안 내용에 따라서 1회적으로 적절한 타이밍에 실행할 수도 있고, 일정 기간 동안 반복적이거나 지속적으로 이루어질 수도 있기 때문에 제안 내용의 효과를 볼 수 있는 일정에 대한 고민이 필요하다.

연수회 기획 제안서를 작성한다면 연수회가 1회성인지, 분기별로 실시해야 하는지 생각하고 1회성 연수라고 하더라도 연수 내용에 따라서 연수기간이나 시간에 대한 내용을 담아야 한다.

10) How Long-어느 정도 시간이 걸리는가?

제안서의 독자들은 비용이 얼마나 들어가는지에만 관심을 가지는 것은 아니다. 투자 기간, 시행 기간, 이익 창출 기간 등에도 관심을 기울인다. 비록 작은 햄버거 가게에 투자한다고 하더라도 투자자는 초기 투자 금액이나 창출할 이익액뿐만 아니라 창업하고 이익을 회수하는 데 걸리는 시간에도 관심을 가진다. 그러므로 유사한 장소에서 유사한 가게에서의 매출액 등을 근거로 최대한 정확하고 근거 있는 기간을 산출하여 작성하는 것이 필요하다.

제안서를 작성할 때는 5W4H1T의 요소를 염두에 두고 작성해야 한다. 그러나 제안서의 내용이나 목적이 매우 다양하므로 5W4H1T의 요소에서 불필요한 부분이 있다면 생략 가능한 부분도 있을 것이다.

3. 제안서 구성

5W4H1T에 따라 자료 수집을 마치면 형식적 구성 요소에 맞게 논리적으로 배열해야 설득력을 가진 제안서가 된다. 제안서의 구성은 제안서의 유형만큼 다양하다. 고객사의 문제점을 인식했을 뿐만 아니라 문제점을 개선할 독창적인 아이디어가 있음을 보여주어야 하고 그것을 수행할 능력이 있음도 보여주어야 하기 때문이다. 여기서는 공통적으로 들어가는 구성 요소를 중심으로 소개한다.

1) 제안 개요

전체 제안서의 핵심 내용을 한눈에 파악하기 쉽도록 1쪽으로 기술한다. 주요 내용으로 제안 배경 및 문제점, 추진 전략 혹은 개선 방안, 소요 예산, 기대 효과 등으로 나누어 작성한다. 제안 배경에는 제안 사업 추진 이유와 목표 등을 내용으로 하고, 추진 전략 부분은 제안 사업의 내용이나 장점을 요약 기술한다. 기대효과는 가시적 효과와 아울러서 잠정적 효과까지 기술한다. 아이디어 제안서의 경우 제안 개요 정도의 내용만 담고 있는 경우가 많다.

2) 제안회사 소개

제안서에 제시된 제안 내용 즉 제안 대상자인 고객의 요구를 수행할 수 있는 능력이 있다는 것을 보여 주기 위하여 제안자를 소개하는 것이다. 수행 능력을 입증하기 위해 핵심역량과 경험, 보유 기술 등을 기술할 뿐만 아니라 사업수행을 담당하는 사람의 프로필과 사업 책임자를 밝히는 것도 필요하다. 그 외 인력구성이나 제안사가 가지고 있는 기술이나 서비스가 타사보다 우수하다는 것을 제시하기 위해 과거 비슷한 사업을 수행한 경력 등도 기술한다. 창업사의 경우는 창업자의 경력과 주요 임원진의 경력 등도 기술하여 고객사의 요구를 수행할 능력이 있음을 보여 준다.

3) 추진계획

제안 사업의 추진 일정을 단계별로 기술한다. 이에는 사업운영 계획뿐만 아니라 업무 분장 및 예상 소요 비용 등도 포함한다. 투자제안서의 경우는 제품의 기술에 대한 개요를 기술하고 시장 전망 등도 함께 기술한다. 또한 예상 투자 수익률과 회수 방안과 시기 등을 기술한다.

4) 기대 효과

제안서의 목적이나 내용에 따르는 기대 효과를 보다 상세하게 기술한다. 즉, 예상되는 경제적 소득이나 이용자 수 증가, 홍보 효과 등을 기술한다. 경제적 소득 부분은 제안 개요에서 총괄적 금액만을 기술했다면 이곳에서는 연도별로 예상 이익을 기술한다.

5) 재무 재표

제안사의 재무구조를 제안 대상자에게 제시하여 제안사가 사업 수행의 어려움이 없음을 증명하기 위해 작성한다. 창업이나 투자 제안서의 경우 추정재무재표 등을 작성하여 이익을 창출할 구체적 계획이 있음을 제시하여 신뢰도를 높인다.

6) 기타 사항

제안서의 목적이나 제안사의 사정에 필요한 내용을 추가한다.

연습하기 **학교나 동아리 등의 구성원으로서 비효율성이 있는 문제 사항을 발견하고 이를 개선할 수 있는 아이디어 제안서를 작성해 보자.**

제 안 서

제안일: 20 년 월 일

제안명			
제안자		소속	
현행 및 문제점			
개선 방안			
소요 예산			
기대 효과			

연습하기 자신이 졸업한 후나 재학 중에 창업을 한다고 가정하고 부모님이나 주변 사람을 독자로 하여 사업제안서 혹은 투자제안서의 제안 개요 부분만 작성해 보자.

Chapter 13

스마트 시대의 SNS 글쓰기

1. 디지털 시대의 글쓰기

SNS란 소셜네트워크서비스(Social Network Service)의 약자로 온라인 서비스 기반의 사회 관계망을 구축해 주는 시스템을 말한다. 즉 인터넷 환경을 활용하여 개개인의 생각이나 의견, 정보를 시공간의 제약 없이 주고받을 수 있게 하는 새로운 문화의 일종으로 볼 수 있다. 최근 각종 스마트 기기의 보급이 증가하면서 이용자 수는 기하급수적으로 증가하였고 SNS의 종류 또한 다양해지고 있는 추세이다.

보편적으로 사용자 수가 많고 잘 알려진 페이스북, 트위터, 인스타그램 등은 다양한 정보를 나열식으로 공유하는 방식을 쓰는 SNS이며, 유튜브의 경우는 주로 동영상을 제작하여 공유하는 방식을 활용하고 있다.

SNS의 사용이 급증하면서 우리의 삶에도 많은 변화가 생겼다. 우선 삶의 모든 영역에서 공간과 시간적 개념이 최소화되고 인간관계는 물론 기업들은 국경의 구분 없이 활동 영역을 넓힐 수 있게 되었다. 다양한 콘텐츠를 통해 많은 비용을 들이지 않고 사업, 광고, 아이템, 아이디어 등 각종 산업에 관련한 모든 것을 자유롭게 공유하고 향유할 수 있게 되면서 정치, 경제, 사회, 문화적으로 비용을 산출할 수 없을 만큼의 발전을 가져다준 것은 그 누구도 부정할 수 없을 것이다.

그러나 장점만 두드러지는 것이 아니라 많은 문제점들도 발생했다. 개인정보의 노출과 불합리한 여론몰이, 잘못된 정보의 무분별한 전파와 공유 등의 문제를 낳았고, 사회적 우울과 불안, 사실상 '가해자'를 찾을 수 없는 손 쓸 수 없는 피해들이 발생하는 문제들이 속출하게 되었다. 그뿐 아니라 온라인상에서의 글쓰기는 한글의 파괴, 세대 간 소통의 단절, 저속한 글쓰기 양산 등의 교육적 측면의 문제도 고민하고 해결해야 할 문제로 지적된다.

바야흐로 디지털 시대이다. 손에 잡히는 지면 구성의 '책'은 이미 우리의 삶에서 많이 멀어진 듯하다. 과거 편지지나 종이에 채워져 수많은 고쳐쓰기를 거쳐야만 수신되던 이야기들은 이제 그 종류를 헤아릴 수 없을 만큼 다양해진 메신저를 통해 실시간으로 전달된다. 일기장에 적어 비밀리에 보관되던 개인의 소중한 일상들 역시 전 세계 누구나 접근할 수 있는 SNS의 공간에 기록되고 있다. 그뿐인가? 신문을 통해 일방적으로 전달되던 수많은 세상사에 관해서도 우리는 언제든 비판적 댓글을 전달할 수 있으며 관심 있는 분야에 관해서는 전문가 못지않은 정보를 블로그에서 공유할 수 있다.[1)]

현시대를 살아가는 우리는 그 누구라도 디지털 '기록'을 통해 작가, 저자가 될 수 있다. 즉 다양하고 손쉽게 접근할 수 있는 각종 디지털 기기와 SNS 등을 활용하여 '쉬운 글쓰기'가 가능한 것이다. 그러나 그 이면에는 디지털의 발달로 인해 더욱 짙어진 각종 범죄와 익명성에 기댄 무책임한 발언들을 통한 폐해까지 수많은 부작용들이 즐비하다. 이제는 그동안 미뤄두었던 이 문제를 우리들 스스로 인식하고 바로잡아야 할 중요한 시점이 되었다.

1) 김동혁 외(2015), 대학생을 위한 글쓰기와 말하기, 양성원, p.14.

2. SNS의 개념과 이해

인터넷은 세계를 하나로 연결하고 인류를 움직이게 하는 힘을 가졌다. 지금까지 그 어떤 역사적 사건이나 혁명, 전쟁도 인터넷만큼 크고 거대한 파급력을 가진 것은 없었다. 따라서 인터넷은 지구촌 모든 사람들의 사고와 삶의 방식에 관여한다 해도 과언이 아닌 시대가 된 셈이다.

특히 인터넷을 기반으로 개개인이 운용하는 SNS는 글쓰기를 기반으로 기능하며 수많은 정보의 이동과 전달, 공유에 직접적인 기여를 담당하고 있다. 이 기여는 사회적으로 중요한 사안이나 문제가 발생했을 때 더욱 큰 파급력을 지닌다.

SNS는 Social Network Service의 약자로 '교호적 네트워크 서비스'를 뜻한다. '교호적'의 사전적 의미는 '서로 엮여 있다.', '상호간 교차되어 있다.'의 의미로 친목을 도모하면서 공통된 관심사를 공유하고 다양한 활동을 함께 하는 것을 말한다. 2010년 초반 국내 SNS 플랫폼으로 인기를 끌었던 '카카오 스토리'의 경우 "사람과 사람을 이어주는 모바일 소셜 플렛폼"으로 그 기능과 역할을 정의하고 있다. 사실상 SNS는 인터넷을 기반으로 개개인의 생각과 의견을 자유롭게 공유하고 전달하는 것에 가장 큰 목적과 취지가 있는 것이다.

국내에서 SNS의 성격을 바탕으로 개발된 온라인 커뮤니티의 시초로 볼 수 있는 것은 프리챌이다. 프리챌은 'free'와 'challenge'의 합성어인데, 1999년부터 운영되었으며 2013년 폐쇄되었다. 당시 급작스럽게 늘어난 사용자들을 감당할 수 없어서 '유료화'로 전환하려 한 시도가 폐쇄의 원인으로 지목되고 있다. 그럼에도 불구하고 한국에서 초고속 인터넷망이 확장되고 있던 시기에 개인 혹은 관심 분야의 소그룹 중심의 커뮤니티를 생성한 점과, 커뮤니티형 인터넷 문화를 정착시키는 데 매우 큰 영향을 끼친 사례로 평가된다.

프리챌의 폐쇄 이후 싸이월드(cyworld)가 등장하게 된다. 1999년부터 약 10년간

전성기를 맞은 싸이월드는 '개인 미니홈피'라는 새로운 키워드를 전면에 등장시키며 국내 가입자가 3,200만에 달할 정도로 독점 수준의 엄청난 인기를 끌었다. 프리챌이 개인, 혹은 '그룹'의 커뮤니티 기능을 담당했던 것과 달리 싸이월드는 1인 중심의 개별 커뮤니티를 활성화시킨 점이 두드러진다. 또한 미니홈피를 통해 캐릭터, 배경음악 등을 설정할 수 있었고 PC메신저 네이트온과 연동하며 더욱 성장하게 되었다.

그러나 '국내시장' 중심의 플랫폼이었던 점과 PC 중심으로만 이용이 가능했던 한계를 극복하지 못했다. 페이스북, 트위터, 인스타그램 등 모바일 중심의 새로운 SNS들이 쉬운 사용 방법과 직관적 특징을 내세워 국내시장으로 유입되면서 사용자가 급감하게 된다.

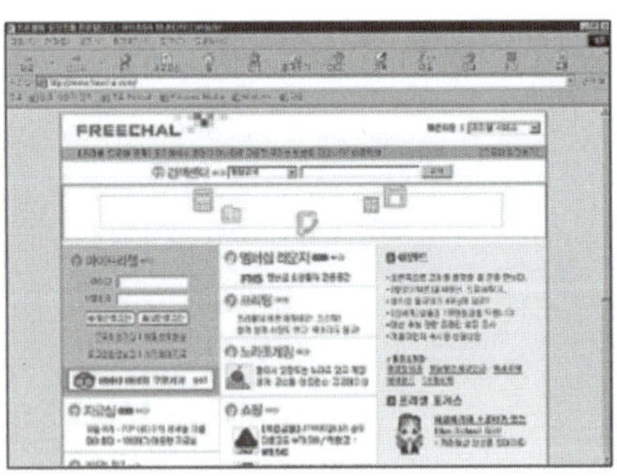

프리챌 커뮤니티 화면(출처: 아시아 경제DB)

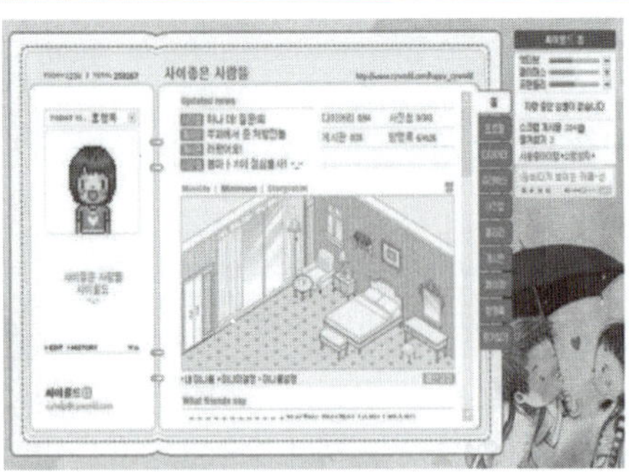

싸이월드 메인 화면(출처: 아시아 경제DB)

네이버 밴드, 인스타그램, 페이스북, 카카오스토리, 유튜브 로고 모바일 중심으로 개인 SNS를 개설하고 언제든 접근, 활용할 수 있게 된 시점부터 지구촌 인터넷 문화에 대대적인 변화가 발생했다. 시간과 공간, 국경을 초월한 정보 공유는 물론 각종 기업과 유명인들이 홍보 및 기업의 이윤 창출의 수단으로도 적극적으로 활용하기에 이른다. 결국 SNS는 '친목 중심'의 목적으로 기능했던 초기의 역할 기능에서 벗어나 근래에는 문화뿐만이 아닌 경제, 사회, 경제적 측면에서도 폭넓은 활용도를 보이고 있고 사람이 직접 발로 뛰며 수행해야 했던 많은 영역을 대신하기도 한다.

어린이층부터 모바일 스마트폰이 보급되기 시작하면서 인스타그램, 트위터 등 사용법이 매우 간단하고 직관적인 SNS가 널리 애용되는 추세이다. 특히 페이스북과 밴드의 경우 '사진이나 영상 중심의 기능'보다 '글쓰기를 기반으로 하는 기능'에 더욱 집중한 특징을 지닌다.

3. SNS글쓰기의 새로운 변화와 역할

현재 지구촌 SNS 이용자는 약 10억 명이 넘는 것으로 알려져 있다. 이용자가 급증하고 활용 영역이 확대되면서 '글쓰기' 영역에 대한 관심이 높다. 기존의 아날로그식 글쓰기에 비해 '단순 수정과 삭제'가 가능한 인터넷 환경 내에서의 글쓰기는 매우 편리하고 물리적인 시간도 절약되는 큰 이점을 지니기 때문이다.

사실 대개의 '글'은 사적인 공간에 머물거나, 외부에 공개된다고 하더라도 수용자의 접근성이 높지 않았다. 그러나 SNS의 글쓰기에서는 이러한 부분이 거의 해소되고 있다. SNS의 글쓰기는 게재 공간을 확보하는 일을 수월하게 해주기 때문이다.[2)]

그러나 SNS에서의 글쓰기 문화는 '즉흥적'인 쓰기 습관을 유도하고, '책임의 측면'

2) 황성근(2014), 소셜네트워크서비스(SNS)가 글쓰기에 끼친 영향성 연구, 사고와 표현 제7집 1호, p.142.

에 소홀한 문제를 드러낸다. 또한 쓰기 활동 자체의 수월함을 담보하는 대신 소통과 표현 방식 등의 영역에 많은 변화를 발생시켰다.

1) SNS 글쓰기의 문제점

(1) 올바른 문어체(文語體)의 사용

일반적인 글쓰기에서는 구어적 표현은 피하고 문어적 표현을 쓰도록 권장한다. 사전적 의미에서 구어체(口語體)란, '담화의 형식이나 대화하는 그대로를 표현하는 문장 방식'으로 정의하고 있으며 문어체(文語體)는 '일상적인 대화에서 쓰는 말투가 아닌 글에서 쓰는 말투'로 정의한다. 이 둘을 구분하는 것은 글쓰기의 기초이자 '글다운 글'이 될 수 있도록 하는 중요한 측면으로 일컬어지기도 한다.

그러나 SNS에서의 글쓰기는 사실상 '말하기와 다름없는' 글, 즉 '말하는 대로' '옮겨 적는' 활동이 주가 되는 실정이다. 이는 각종 이모티콘을 활용하는 신식 문화와 더불어 '현실적인 표현'을 지향하고 '개개인의 개성'을 반영하고자 하는 생각이 작용하여 발생한 현상으로 볼 수 있다.

특히 카카오톡과 같은 메신저를 사용할 때의 양상을 살펴보면 일상언어에 비해서도 상당히 기발하고 파격적인 측면들이 두드러진다. 물론 메신저의 특성상 '사적 영역'이라는 인식에서 비롯된 양상으로 볼 수도 있지만, '개인적인 사적 공간'에서의 언어 습관이 일상의 영역에서도, 나아가 공적 영역에서도 그대로 적용되어 결국 국어의 가치를 훼손하고 글쓰기의 기능을 약화시키는 상황이 발생하게 된다는 점이 문제의 핵심이 될 것이다.

SNS에서의 글쓰기는 우리가 '메모지'에 적는 낙서나 간략한 일기와는 성격이 다르다. 가벼운 생각이나 의견을 작성하는 것을 지나 SNS에서의 쓰기 활동은 '언제든 불특정 다수에게 공유'될 수 있고, 어디서나 '저장'이 가능하다. 이 '저장'은 나뿐만 아니라 내 글을 향유할 수 있는 그 누구라도 가능한 점을 잊어서는 안 된다. 따라서

SNS에서의 글도 공적 영역에서의 글이 될 수 있음을 인지하고 표현의 측면에서 구어적 표현보다는 문어적 표현으로 작성하는 것이 좋다.

아래의 예시는 '일상어'를 '글쓰기'에 그대로 적용한 잘못된 예를 보여준다. 대부분 줄임말 사용에 의한 구어체 표현 오류임을 볼 수 있다.

예시

SNS에서 잘못 쓰인 구어 표현의 예

- (개인 SNS) 생각이 깊지 못하다는 소릴 종종 듣곤 한다.
- (온라인으로 제출한 자기소개서) 저는 저의 우유부단한 성격이 되게 싫었습니다.
- (온라인 자서전 쓰기 대회 학생 제출 내용 중) 특목고에 들어갈려고 노력한 시간이었습니다.
- (SNS를 통해 게재한 칼럼 중) 그치만 우리는 목표를 향해 열심히 뛰어갈 것이다.

아래는 직장 상사와 직원의 메신저 대화로, 직원의 잘못된 구어체 사용 예시를 확인할 수 있다.

메신저에서의 구어적 표현의 예

(2) 문자를 대신하는 이모티콘 감정 표현

이모티콘이란 Emotion과 Icon의 합성어로 인터넷과 PC통신 사용자들이 문자와 기호, 숫자 등을 조합하여 만든 그림 문자를 총칭한다. 주로 감정이나 느낌을 전달할 때 사용하며 최근에는 문자로 표현해야 하는 대부분의 소통을 이모티콘으로 대신할 수 있을 정도로 그 활용과 개발이 활발하게 진행되고 있다.

휴대전화 문자메시지가 활성화되기 시작한 1990년 후반부터 이모티콘의 사용이 증가했는데 당시에는 주로 키보드의 특수문자를 조합한 단순 영역에 불과했다. 그러나 2000년대 이후 밴드, 카카오톡 등의 SNS 플랫폼을 통해 다양하고 재미있는 감정 표현이 가능한 이모티콘이 대량 공급되어 '글'을 쓰지 않아도 대화가 가능한 상황에 이르게 되었다. 젊은 층에서 주로 향유되던 이모티콘은 최근 중장년층들에게도 널리 애용되고 있어 사실상 전 세대에 걸쳐 이모티콘이 문자언어를 대신하고 있는 추세로 보아도 과언이 아닌 상황이다.

이모티콘을 사용하는 것 자체가 잘못된 문화라고 여길 수는 없지만, '글'로써 표현돼야 하는 대부분의 의사소통 영역을 이모티콘이 대신하고 있는 것은 심각한 문제이다. 이모티콘으로 일상적인 대화가 가능한 수준에까지 이른 현 상황은 '글쓰기'를 가볍게 여기는 잘못된 풍토에서 비롯된 것이다. 따라서 또래끼리의 대화에서 분위기의 전환, 재미있는 감정의 표현, 글로 표현된 내용을 다시 한번 강조하는 역할 등으로 활용하는 것은 좋지만 소통의 대부분을 이모티콘으로 대신하는 경우는 반드시 개선되어야 한다.

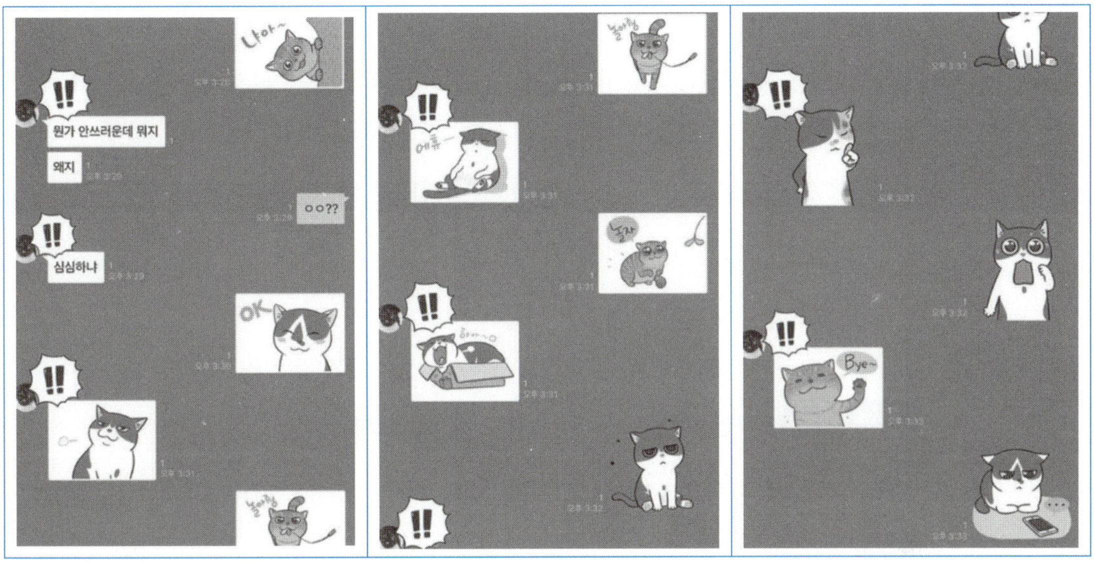

<요양 중인 친구와의 대화, 네이버 블로그 https://blog.naver.com/sndlegend/220725996318에서 발췌>

(3) 기초 국어 문법의 파괴

SNS에서의 글쓰기는 특별한 '제약'이 없다. 학교에서 수행하는 글쓰기, 혹은 직장생활에서 작성하는 모든 문서들은 '공적 영역'이라는 인식하에 맞춤법이나 띄어쓰기 등 기초 문법을 지켜서 쓰고자 한다. 그러나 SNS에서의 글쓰기는 '누군가에게 평가받거나 지적받을' 일이 없는 그야말로 '자유분방한 영역'이다. 따라서 맞춤법이나 띄어쓰기, 혹은 주술 관계가 맞지 않은 문장을 쓰더라도 '책임'의 소지가 발생하지 않는다.

또 인터넷 문화의 측면도 크게 작용하는데, 같은 글쓰기라고 하더라도 SNS에서의 글쓰기는 '조금 틀려도, 바르지 않아도' 어느 정도는 이해하고 용인되는 인식이 깔려있다.

특히 SNS의 글쓰기는 서술어가 생략되고 명사 중심의 메시지가 구성되며, 그 결과 사고의 연속성과 논리성은 파괴되고 생각의 파편들만 병렬되어 의미의 여운을 남기는 방식을 취하기도 한다.[3]

우리는 한국어를 지키고 보존해야 하는 책임을 가지고 있다. '사적 영역'에서 익숙하게 잘못된 한국어를 쓰는 경우, 결국 두 영역의 경계가 모호해지기 때문에 '공적 영역'과 구분된 언어생활을 수행하기 어려워 진다는 것을 잊어서는 안 될 것이다.

내가 쓰고 있는 어휘가 표현하고자 하는 명확한 의미를 담고 있는지에 대한 검토가 매 순간 이루어져야 하며, 잘 모르는 단어의 뜻은 '국어사전'을 찾아서 확인하는 습관을 들이는 것이 반드시 필요하다.

연습하기 **나의 SNS에서의 글쓰기를 점검해 보자.**

나의 SNS글쓰기 점검	내가 5문장 이상의 분량으로 작성한 SNS에서의 글을 그대로 옮겨 보자.	좌측에 옮겨온 '나의 글'에는 어떤 문제점이 있는지 분석해 보자. 1. 2. 3. 4.

3) 신재기(2006), 디지털 시대의 문화와 글쓰기, 화니콤, p.16.

2) SNS 글쓰기의 새로운 방향

(1) 삶의 기록으로서의 SNS

우리는 다양한 경로로 삶을 작성하고 기록하고 있다. SNS를 활용한 글쓰기를 예로 들자면, 스마트폰의 카메라를 활용하여 하루 24시간 언제 어디서든 남겨두고 싶은 장소와 사람들을 촬영하고, 그중 가장 마음에 드는 사진을 골라 SNS에 업로드하기도 한다. 이러한 양상은 '특정 계층' 혹은 '특정 세대'에서만 보이는 것이 아니라 시간이 갈수록 '모든 세대'에 걸쳐 보이는 모습들이다.

SNS에 사진을 올리고, 글을 쓰고, 댓글을 달고, 또 '좋아요'를 누르는 등의 활동은 우리의 일상에 매우 익숙한 부분이 되었다. 우리는 왜 이런 활동에 집중하는 것일까?

인터넷 문화가 발달하기 전의 우리의 일상은 '일기장'이라는 지면에 '펜'을 활용한 물리적인 글쓰기를 통해 이루어졌다. 이 활동은 초등학교 시절에는 학교의 숙제 등으로 타의에 의해 수행되는 경우가 많았지만, 사춘기 시점을 지나면서부터는 개인의 의지에 따라 나만 볼 수 있는 작은 수첩이나 다이어리를 마련하여 일상을 기록하기도 한다.

그런데, 이런 삶의 중요한 활동들이 컴퓨터와 휴대전화로 그 '수행 공간'을 옮겨오면서, 기록의 편의성과 더불어 글쓰기에 쉽게 접근할 수 있는 경로가 확보되었다. 하지만 인터넷 문화 이전 기존의 '기록으로서의 글쓰기'가 주로 '나 혼자만이 보고 읽고 간직하는 영역'이었다면 이제는 '누구와도 공유할 수 있고, 공유될 수 있는 인터넷 기반의 영역'으로 바뀌면서 그 본질적인 측면에 큰 변화가 발생했다. 즉 온전히 나를 위한 글쓰기가 아닌 '보여주기 위한 글쓰기'로 전락해 버린 측면을 부정할 수 없는 것이다.

그럼에도 불구하고 우리의 삶은 언제나 '기록'되어야 할 가치가 있다. 비록 사진과 영상 중심의 많은 플랫폼들이 성행하고 있지만, 나의 인생에서 가치 있고 의미 있는 순간과 시간, 경험들을 '글쓰기'를 통해 작성하고 기록하는 것은 반드시 필요하다. 따라서 보여주기식 글쓰기가 아닌 '내 삶을 기록하는 글쓰기'를 목적으로 하는 새로운 시도를 해 보자. 어렵고 딱딱한 글쓰기로 여기지 않아도 된다. 내가 먹은 음식의 사진만 올리는 것이 아닌, 이 음식을 누구와 함께 먹고, 먹는 동안 어떤 생각을 하게 되었는지를 문장으로 작성하는 것에서부터 시작하면 된다.

예시

SNS를 활용한 기록으로서의 삶 쓰기

- 매일 쓰는 것이 어렵다면 1주일에 한 번 10 문장 쓰기를 시작해 보기
- 일정한 요일에 지난 한 주를 돌아보고, 가장 기억에 남는 경험을 기록하기
- 사진을 함께 첨부해 두면 더욱 생생하고 오래 간직할 수 있는 기록이 될 수 있다.
- 이 경험이 나에게 어떤 생각을 하게 했는지, 어떤 가르침 혹은 반성을 하게 했는지 등의 의미가 함께 작성되면 더욱 좋다.
- 정확한 날짜를 기입하는 것은 필수
- 이 기록이 1년이 되고, 10년이 되면 그 자체로 내 인생의 자서전이 될 수 있다.

(2) 소통과 치유의 SNS 글쓰기

요즘 글쓰기 분야에서 새롭게 주목받는 키워드는 '치유의 글쓰기'이다. 높은 자살률, 우울증을 겪어 보지 않은 사람이 국민의 50% 미만이라는 통계가 있다. 또한 초등학생들의 우울증 증가, 정서불안 등의 기사가 하루에도 몇 번씩 눈에 띄기도 한다.

그런데 근래에 와서 이런 문제들에 대응하는 방식에 변화가 감지되고 있다. 약물치료나 심리 치료를 위해 처음 마주하는 '타인(의료인)'에게 나의 치부를 보여야 하는 부담스러운 절차, 진단을 받고, 약을 처방받는 수동적인 양상에서 '스스로가 문제를 인식하고, 치유를 통해 극복해 낼 수 있는 힘'을 키우는 방안으로 '글쓰기'가 각광 받게 된 것이다.

또한 최근 우리는 예기치 못한 코로나 팬데믹의 상황을 마주해야 했다. 이동에

제약이 생긴 것은 물론, 국가 경제에도 막대한 영향과 피해가 발생했고 학생들은 학교에 등교하지 못한 채 집에서 비대면 수업에 참여해야 했다. 이런 시간은 우리 사회에 '소통의 부재'라는 문제를 더욱 확대시켰다. 이제는 이런 문제들을 작은 노력을 바탕으로 하나씩 해결해 나가야 한다.

우리는 인터넷이라는 거대한 우주 속에서 SNS라는 나의 작은 행성을 갖고 있다. 이 행성을 단순히 '재미있는 짤'을 보고, 주변인들의 일상을 들여다보거나 혹은 나의 보여주고 싶은 하루를 자랑하는 수단으로만 활용하지 말고 진정한 소통을 위한 창구로 활용해 보는 것은 어떨까?

예시

- '보여주는 공간'으로만 활용하지 말고, '진정한 나'를 꺼낼 수 있는 공간으로도 활용해 보기
- 나의 진솔한 일상을 공유하기
- 주변인들의 피드에 '좋아요' 버튼만 누르지 말고 성의 있는 문장으로 댓글을 달기
- 같은 세대끼리만 소통하는 것이 아닌, 다양한 세대의 생각과 말, 글에 관심을 갖고 지속적인 소통을 시도하기
- '활발한 피드백'을 통해 일회성 의견 전달, 단순한 댓글 달기가 아닌 상대방이 올린 피드(내용)에 대한 적극적인 관심을 보여주기
- 얼굴이 보이지 않는다고 해서 '글'의 무게가 가벼워질 수 없음을 명심하기

(3) 모든 글에는 '책임'이 따른다.

SNS 글쓰기는 '개인 계정'을 통해 주로 수행되지만, 합법적이지 않은 경로를 통해 부계정, 혹은 가계정을 생성하여 사실상의 '익명'의 상태로 활용하는 경우도 많다. 물론 불특정 다수와 소통하게 될 가능성이 큰 인터넷 공간에서 정보 유출 등의 문제가 발생할 수 있기 때문에 건전한 발언권을 위한 '익명성'이 필요한 상황도 분명히 존재한다.

하지만 SNS상의 글로 인해 예기치 않은 피해자가 발생하고, 씻을 수 없는 상처를 입는 사람들에 대한 소식을 우리는 종종 언론을 통해 접하고 있다. 또한 잘못된

정보가 무분별하게 퍼져나가는 경우도 비일비재하다. 잘못된 정보는 잘못된 행동 양식을 발생시키고, 집단, 국가, 지구촌 전체에 막대한 영향을 줄 수 있는 가능성이 매우 크다. 그 파급력은 상상을 초월할 정도로 빠르고 매섭다.

이러한 영향력과 파급력을 실제로 체감하지 못한 채 우리는 무책임한 언행, 정보들을 대량 생산하여 개인의 재밋거리로 여기기도 하고 나와 관계하지 않은 유명인이나 정치인들에게 날카로운 생채기를 내기도 한다. 물론 이에 대한 책임은 그 누구도 지지 않는다. 잘못된 목적을 가지고 양산된 가짜 정보들이 하루에도 수만, 수십만 회 공유되고 올바른 정보를 선별할 수 있는 안목을 기르지 못한 많은 인터넷 사용자들은 이 정보를 맹신하는 불행한 상황이 놓이게 되는 것이다.

따라서 우리 모두는, 스스로가 작성한 문장과 글에 대해 무한한 책임의식을 가져야 한다. 이 책임의식은 국어 문법을 준수하고, 바른 어휘와 문장을 쓰는 것에서 비롯되며 한발 더 나아가서는 바른 가치관을 바탕으로 바른 글을 쓰는 것, 내용의 파급력에 대한 심도 있는 고민이 선행됨으로써 실현될 수 있다. 혹 잘못된 내용을 작성하게 되었을 때 즉시 수정하고 이를 알리는 책임감 있는 자세까지 많은 부분에서의 변화와 용기가 요구된다.

여행지에서 방문한 '맛집'에 대한 평가 글을 개인 SNS에 올릴 때도 '솔직한 내용'을 작성하되 그 표현이 거칠지 않은지, 불필요한 내용이 추가되지 않았는지, '글을 쓰는 취지가 온전히 음식점을 비난할 목적에서 시작된 것은 아닌지' 등 다양한 측면을 검토한 후에 업로드하는 책임 있는 자세가 필요하다. 모든 글은 누군가에게 '화살'이 되어서는 안 된다. 언제든 이 화살의 주체가 내가 될 수도 있고, 또 이 화살을 내가 맞게 될 수도 있음을 명심하자.

어떤 유명한 연예인은, 자신에 대한 잘못된 정보가 무책임한 기자들로 인해 기사화된 탓에, 일면식도 없는 후배 연예인에게 심적으로 큰 상처를 입히게 된 사건에 직접 대항하며 이런 말을 남겼다.

"여러분의 펜대로 사람 목숨을 위협하는 것을 아십니까?"

글의 힘은 이토록 무한하고 위대하다. 잘못된 정보가 '일면식'도 없는 두 인물을 화두에 올리기도 하고, 누군가는 정체를 알 수 없는 문장들에 상처를 받고 안타까운 선택을 하기도 한다. 이 모든 것은 '글'에서 시작된다. '말'과 다르게 '글'은 기록되고 전파되는 특성을 갖기 때문이다. SNS에서의 글쓰기도 마찬가지이다. 아무리 짧고 가벼운 말 한마디, 한 문장의 글이라도 우리는 늘 생각하고, 검토하고, 고민하며 써야 한다. 그것이 모든 생활을 편리하게 누리고 있는 현대를 살아가고 있는 우리가 반드시 갖춰야 할 매너이자 책임의식인 것이다.

예시

나의 SNS 글쓰기 자세는 어떠한가?

1. 나는 은둔형 SNS 사용자인가? (댓글 등을 전혀 달지 않고 보기만 하는 경우)
2. 나는 부계정을 가지고 있는가?
3. 나는 SNS 글쓰기를 할 때 맞춤법과 띄어쓰기를 점검하는가?
4. 나는 '나를 위한 글'이 아닌 '보여주기 위한 글'을 쓰고 있지 않은가?
5. 나는 SNS상의 정보들을 '비판적으로 수용'할 수 있는가?
6. 나는 잘못된 정보를 책임의식 없이 전파(공유)한 적은 없는가?
7. 나의 글이 갖는 '힘'에 대해 생각해 본 적이 있는가?
8. 나는 기계적인 댓글달기를 하고 있지 않은가?
9. 나의 삶을 기록하기 위한 글쓰기를 시도한 적이 있는가?
10. SNS상에서 소극적인 소통만을 추구하고 있지는 않은가?

참고 문헌

강명혜 외(2018), 『플립러닝 방식에 따른 창의적 글쓰기와 말하기』, ㈜박이정.

강석우 외(2014), 『대학생을 위한 학술적 글쓰기』, 아카넷.

강숙아 외(2019), 『다빈치 글쓰기』, 중앙대학교출판부.

고려대학교 사고와 표현 편찬위원회(2013), 『인문학과 글쓰기』, 고려대학교출판부.

고려대학교 사고와 표현 편찬위원회(2014), 『대학 글쓰기의 이해』, 고려대학교출판부.

국립국어연구원.

김경동(2023), 다음뉴스, http://talk.tf.co.kr/bbs/report/write

김남미(2009), 『한국 실용글쓰기』, 박문각.

김동혁 외(2020), 『글쓰기와 말하기』, 양성원.

김동혁 외(2020), 『대학생을 위한 글쓰기와 말하기』, 양성원.

김양선(2012), 대학글쓰기에서 첨삭－상담－고쳐쓰기 연계교육의 효과연구－한림대학교 글쓰기 멘토링 사업의 사례를 중심으로, 교양교육연구 제6권 제4호.

김용구 외(2014), 『인문학 말하기와 글쓰기』, 북스힐.

나무위키, https://namu.wiki/ 웹 사이트.

마소연 외(2015), 『대학생을 위한 글쓰기와 말하기』, 양성원.

메타버스신문, 2019.04(http://www.swritingworks.com)

박윤우, 엄태수, 이복규, 조정래(2022), 『발표토론과 글쓰기』, 북스힐.

박종하(2003), 『생각이 나를 바꾼다』, 한국경제신문사.

박종하(2021), 『2단계 글쓰기』, 모루.

박현희(2015), 『사회과학리포트 작성법: 묻고 답하기』, 글쓰기교실 연구노트 21, 서울대학교 교수학습개발센터 글쓰기교실.
[https://ctl.snu.ac.kr/ko/writing/writingnote/view/3129?p=1]

박효정 외(2016), 『발표의 신』, 푸른들녘.

배상복(2016), 『문장 기술』, MBC C&I.

서울대학교 대학 글쓰기 1 교재편찬위원회(2019), 대학 글쓰기 1, 서울대학교출판문화원.

소셜네트워크서비스(SNS)가 글쓰기에 끼친 영향성 연구, pp.142.

송숙희(2018), 『150년 하버드 글쓰기 비법』, 유노북스.

송윤경(2017), '미세먼지 야외수업 대책' 기준도 대상도 엇박자, 경향신문, http://news.khan.co.kr/kh_news/khan_art_view.html?artid=201704172159025&code=990105#csidx9086ba7239a78ef816251642c90c7e5.

신재기(2006), 『디지털 시대의 문화와 글쓰기』, 화니콤.

야마구치 다쿠로(2020), 『어떤 글쓰기도 만만해지는 템플릿 글쓰기』, 토트.

야스다시게카즈, 포페경영연구소(2021), 『기획서 제안서 작성매뉴얼』, 코페하우스.

오은미, 장보권(2019), 『직무 역량을 살린 완벽한 취업을 위한 스마트취업가이드북』, 양성원.

웹 사이트 달콤한 국어, https://sseon10.tistory.com

유광수 외(2013). 『비판적 읽기와 소통의 글쓰기』, 도서출판 박이정.

윤영돈(2017), 『글쓰기 신공 5W4H1T』, 경향미디어.

이성흠, 박영민(2021), 『대학생을 위한 글쓰기』, 교육과학사.

박효정, 이재희, 이보람(2023), 『프레젠테이션 전략』, 양성원.

임재춘((2019), 『쓰기의 공식 PREP』, 반니.

임정연(2015), PBL 모델에 기반한 협력학습과 비평적 글쓰기 활용방안, 국제어문 제66집 365-395.

(재)한국방문위원회 https://vkc.or.kr/public/notice/

정희모 외(2013), 『대학글쓰기』, 삼인.

정희모(2020), 『창의적 생각의 발견, 글쓰기』, 샘터.

최훈(2017), 『논리는 나의 힘』, 우리학교.

카마인 갈로, 김태훈 옮김(2010), 『스티브 잡스 프레젠테이션의 비밀』, 랜덤하우스.

허용(2007), 「말소리의 특징과 우리말 발음」 새국어생활 제17권 제1호 167-178.

황성근(2014), 소셜네트워크서비스(SNS)가 글쓰기에 끼친 영향성 연구, 사고와 표현 제7집 1호.

저 / 자 / 소 / 개

■ **김은정**

대구가톨릭대학교 국어국문학박사
현) 경성대학교 교양학부 조교수

■ **강수진**

부산대학교 국어국문학 문학박사
현) 춘해보건대학교 간호학과 외래교수

■ **김은송**

대구가톨릭대학교 국어국문학 박사과정 수료
현) 울산과학대학교, 동명대학교 외래교수

■ **박성호**

경성대학교 국어국문학박사
현) 진영고등학교 국어교사

■ **오은미**

고려대학교 영어영문학 전공
현) 한국폴리텍대학교 교양학부 겸임교수
다다른인 대표

■ **박효정**

숙명여자대학교 교육사회학 및 행정석사
현) 유앤알프로젝트 대표

■ **최혜경**

조선대학교 대학원 문학박사
현) 조선이공대학교 교양교육 교수

■ **김명희**

부경대학교 일반대학원 교육학, HRD 전공 박사
현, 대동대학교 초빙교수

■ **김향남**

조선대학교 대학원 문학박사
현) 조선대학교 초빙객원교수, 동강대학교 겸임교수

■ **정미옥**

대구가톨릭대학교 영어영문학박사(비평 전공)
현) 선린대, 대구과학대, 대구보건대 외래교수

대학생을 위한 논리적 글쓰기

1판 1쇄 인쇄 — 2023년 3월 6일
1판 1쇄 발행 — 2023년 3월 10일

저　　자 - 김은정 강수진 김은송 박성호 오은미
박효정 최혜경 김명희 김향남 정미옥
발 행 인 - 강철원
발 행 처 - 양성원
주　　소 - 경기도 파주시 검산로 173번길 29-12
전　　화 - 031-946-3861(代)
팩　　스 - 031-946-3864
이 메 일 - tnwpub@naver.com
홈페이지 - tnwpub.co.kr
출판등록 - 2015년 8월 31일 제 2015-000211 호

ISBN 979-11-6126-507-0

정가 19,000원